新闻线索从哪里来?

——与青年记者聊新闻采写

朱瑞华 著

上海大学出版社
·上海·

图书在版编目(CIP)数据

新闻线索从哪里来？：与青年记者聊新闻采写/朱瑞华著．—上海：上海大学出版社，2022.1
 ISBN 978-7-5671-4400-2

Ⅰ.①新… Ⅱ.①朱… Ⅲ.①新闻采访②新闻写作 Ⅳ.①G212

中国版本图书馆 CIP 数据核字(2021)第 253113 号

责任编辑　傅玉芳
封面设计　柯国富
技术编辑　金　鑫　钱宇坤

新闻线索从哪里来？——与青年记者聊新闻采写

朱瑞华　著

上海大学出版社出版发行
(上海市上大路 99 号　邮政编码 200444)
(http://www.shupress.cn　发行热线 021-66135112)
出版人　戴骏豪

*

南京展望文化发展有限公司排版
上海华业装潢印刷厂有限公司印刷　各地新华书店经销
开本 890mm×1240mm 1/32 印张 4.75 字数 111 千
2022 年 1 月第 1 版　2022 年 1 月第 1 次印刷
ISBN 978-7-5671-4400-2/G·3419　定价　50.00 元

版权所有　侵权必究
如发现本书有印装质量问题请与印刷厂质量科联系
联系电话：021-56475919

谨以此书献给中国共产党成立 100 周年

目录

第一篇　上顶天下立地　大新闻不稀奇

自写稿抢了新华社的风头	/003
大特写《决策》是怎样写成的？	/007
农业部长会上表扬记者讲真话	/019
记者要为农民走向市场鼓与呼	/028
一篇影响市长决策的新闻	/034
东海带鱼内参稿进了中南海	/039
连续五天采写五篇问题报道	/044
一家郊县企业缘何二上大报头版头条	/054

第二篇　观六路听八方　新闻在你身旁

天南地北闲谈　斩获惊天信息	/067
朋友之间一次聚餐　"吃"出远洋渔业报道	/074
船上初次相逢　聊出整版文章	/079
晚报一则简明新闻　启发记者巡天采访	/091
兄弟报社领导会上一句话　写成本报头版头条大文章	/095
一句真假难辨话　觅到一条大新闻	/100

第三篇　素材合理"裁剪"　新闻"做活"做足

"土八路"凭啥两个月成"正规军"	/109
展销会信息为何能上大报头版	/116
这篇特色新闻"新"在哪里	/119
地域特色亦可"出"新闻	/123
一个点子成就千里海塘行	/127
小标题做得"活"了　工作通讯可读性强了	/134
后记	/140

第一篇

上顶天下立地
大新闻不稀奇

作者心声：

　　新闻记者大都有一个梦，就是要写重要新闻和重大新闻。一则为自己"长"脸，二则为所在的新闻机构争光。我的新闻生涯告诉我，记者报道重大会议新闻不足为奇，联系条线的记者都会写，记者的能力是要善于发现和捕捉重要新闻和重大新闻。那么，这些新闻线索从哪里来？依鄙人之见，关键是要上"顶'天'，下立'地'"。即吃透"两头"：一头是"天"，就是党的路线、方针、政策；另一头是"地"，也就是基层单位、群众的实践经验和创新做法，这些经验和做法正是党中央所大力倡导的。记者的脑海中有了上"顶'天'、下立'地'"这根"弦"，对社会现象、发生的新闻事件的观察力就会不一样，就能够透过现象看到事情的本质，从一般的新闻事件中挖掘出不一般的内涵，往往能构成重要新闻，出大新闻也不稀奇了。

自写稿抢了新华社的风头

太湖的地理位置,四周高,中间低,酷似扣在地上的锅底,六分之一是水面。太湖流域综合治理前,天目山雨水一日内即可入太湖,而太湖水却一月难排泄。太湖水易进难出,洪水永积不化;人与水争地,洪水通道被蚕食,日积月累,太湖渐患"膨胀病"。

1991年神州大地遭受洪涝灾害,淮河流域受淹面积仅安徽省便多达430多万公顷,损失粮食43.5亿公斤,被洪水冲走了一个"粮仓"。太湖流域人口密集,经济发达,工农业总产值占全国的八分之一,财政收入占全国的六分之一,是我国的一块黄金宝地。1991年,太湖流域水位超过1954年以来的历史最高纪录,太湖"胀"破后大水成灾,损失了100多亿元,丢了一个"钱庄"。

新中国成立后,《解放日报》是华东局兼上海市委机关报,太湖流域也在本报报道的覆盖范围内。1991年太湖流域遭受洪涝灾害后,作为《解放日报》联系水利条线的记者,我特别关注国家有关太湖流域治理洪涝灾害的重大方略和政策举措。为此,我与在上海办公的太湖流域管理局保持着紧密联系,并约定若国家有了有关太湖流域洪涝灾害治理信息后立即告知。9月18日,太湖流域管理局办公室马青峰打来电话称,今天局里刚收到国务院有关下达治理淮河、太湖的方案……

这是个重大信息!我放下正在撰写的其他新闻稿,急忙赶

新闻线索从哪里来？——与青年记者聊新闻采写

到位于逸仙路上的太湖管理局采访，知晓了国务院关于太湖流域综合治理的总体规划方案含十项骨干工程，它们是太浦河工程、望虞河工程、杭嘉湖南排工程、环湖大堤工程、湖西引排工程、红旗塘工程、东西苕溪防洪工程、武澄锡引排工程、扩大拦路港和泖河及元荡工程、杭嘉湖北排通道工程。这十项工程连同面上的河道疏浚和圩区建设，基本形成以太湖为中心、蓄泄相结合的流域防洪体系。其中太浦河工程直接与上海关联。

新闻记者的职业敏感性告诉我，国务院有关治理淮河、太湖的方案是同时下达的，当晚新华社必然向海内外发统发稿，这种会引起国内外轰动的重大消息，全国省市级报纸第二天也一定会刊登新华社的统发稿。办报人都知道，报社内部有一条不成文的规定，同样的新闻消息，理所当然要刊用本报记者采写的稿子。在采访后回报社的路上，我自己"头脑风暴"了一番，脑海中闪现一个念头：要与新华社抢新闻！

思路清，行动快。当晚，我立即将"太湖流域实施十项骨干工程"稿子写好发报社夜班编辑部。同时，向值夜班的报社领导和夜班编辑部领导汇报了我的直觉：当晚（18日）新华社必会向全国播发统稿。果然，不出我所料，当晚新华社向全国播发了国务院关于治理淮河、太湖的两篇统发稿。也是当晚，夜班编辑部领导决策：19日《解放日报》第一版用双头条的形式同时刊发新华社的统发稿和我采写的国务院治理太湖的本报消息。19日这一天，上海三大报中的《文汇报》《新民晚报》，均采用新华社有关治理淮河、太湖的统发稿，唯《解放日报》同时刊用了本报记者关于国务院治理太湖的自写稿——《"八五"期间投资33亿元　太湖流域实施10项骨干工程》。《解放日报》记者的自写稿，既抢了新华社的风头，又在上海的三大报中争了面子，我也受到了报社领导的表扬。

• 例文链接 •

"八五"期间投资 33 亿元

太湖流域实施 10 项骨干工程

今冬明春上海太浦河、红旗塘工程开工

记者昨日从水利部太湖流域管理局获悉：国家决定在太湖流域实施 10 项综合治理骨干工程，今冬明春将有 7 项骨干工程开工，其中与上海相连的太浦河、红旗塘这 2 项骨干工程也在其列。

由国家和地方共同筹集，计划总投资约 33 亿元的 10 项骨干工程，可在"八五"期间基本建成，届时，将从根本上改变太湖流域洪涝灾害肆虐"鱼米之乡""丝绸之府"这一江南"黄金宝地"的状况。

经国家批准的"太湖流域综合治理总体规划方案"，坚持蓄泄兼筹、综合利用的原则，重点解决太湖排水出路，增强自身调蓄能力，相应解决杭嘉湖、湖西以及阳澄淀泖及上海市青浦、松江等地区的涝水出路，并统筹考虑航运、供水和环境保护诸方面的利益。

太湖流域综合治理总体规划方案包括 10 项骨干工程，它们是太浦河工程、望虞河工程、杭嘉湖南排工程、环湖大堤工程、湖西引排工程、红旗塘工程、东西苕溪防洪工程、武澄锡引排工程、扩大拦路港和泖河及元荡工程、杭嘉湖北排通道工程。这 10 项工程连同面上的河道疏浚和圩区建设，基本形成以太湖为中心，蓄泄相结合的流域防洪体系。

据水利管理部门介绍，这举世瞩目的 10 项骨干工程，总土

新闻线索从哪里来？——与青年记者聊新闻采写

方量为 2.1 亿立方米，石方量达 300 万立方米，营造 400 余座建筑物和 8 座大型泵站，总抽水流量每秒达 1 100 立方米。有关专家称，工程全部完成后，如再遇今年这样的雨情，太湖和沿湖地区的最高洪水水位预计可比今年实际发生的最高水位下降 0.4—0.65 米，减轻灾害的效益显著。（记者朱瑞华　通讯员马青峰）

（原载《解放日报》1991 年 9 月 19 日第 01 版头条）

大特写《决策》是怎样写成的？

近日，有事驱车途经太浦河，望着静静流淌的太浦河河水，不禁让我想起了太浦河工程大会战波澜壮阔的峥嵘岁月，想起了我和报社同事朱桂林合作，在大特写《决策》采写过程中的不为人知的经历。

20世纪90年代，我在《解放日报》农村部当记者，联系水利条线新闻报道。报社决定，由我和朱桂林同志负责太浦河工程大会战的报道任务。我俩作了分工：我在工地与报社两头跑，朱桂林在工地蹲点采访。记得当时，太浦河工程大会战黄富荣指挥长的那辆轿车，几乎成了我的专用交通工具：白天在青浦莲塘工地采访，晚上赶回汉口路报社写稿，每天为《解放日报》"来自太浦河的报道"的栏目发稿，晚上10点后下班是常有的事。

太浦河工程大会战的报道任务这么重，为何还要用如此大的精力写整版5 000多字的大特写？这篇大特写《决策》是怎么"决策"的？

1991年神州大地洪涝灾害造成的损失太大了。淮河流域仅安徽省受淹面积就达430多万公顷，损失粮食43.5亿公斤。太湖流域水位超过1954年以来的历史最高纪录，大水成灾，损失了100多亿元。国务院召开治理淮河、太湖会议，出席会议的国家部委和有关省市领导级别之高，为新中国成立以来少有。

太浦河工程又是太湖流域治理的重大工程，由中共中央政治局委员、上海市委书记任领导小组组长，市长、一名市委副书记和两名副市长任副组长，这样最高规格的领导班子，对于地方上的一项水利工程而言，也为新中国成立以来仅有的。

作为肩负《解放日报》太浦河工程大会战报道重任的记者，我深知，要在本市新闻界太浦河工程大会战报道中"鹤立鸡群"，除了工程常规报道外，一定要有重磅的"顶天立地"文章才能胜出。基于这样的认识，遂与同事朱桂林商议，要克服重重困难，撰写一篇反映国务院决策治理淮河、太湖和上海市委、市政府决策治理太浦河工程的大通讯。

要写国务院和上海市委、市政府及太湖流域管理局的决策，因为本人没有资格与会，其难度可想而知。1991年9月17日，在首都京西宾馆，田纪云副总理主持召开了"国务院治理淮河、太湖会议"。会后，我了解到市水利局徐其华局长也参加了会议。于是就用半天时间采访徐其华局长，请他详细回忆参加"国务院治理淮河、太湖会议"的情况，从而在稿子中还原了会议的高规格状况："主席台上坐着国务院副总理田纪云、国务院副秘书长刘仲藜、全国政协副主席钱正英、水利部部长杨振怀、国家计委副主任刘江及国内水利界元老之一王林。主席台下，端坐着苏、浙、鲁副省长凌启鸿、许行贯、王建功，皖、豫省长傅锡寿、李长春，上海市副市长倪天增，还有国家有关部委办局的头头脑脑……"表明国务院治理淮河、太湖决心如铁。

与此同时，我请徐其华局长介绍跟随时任市委书记吴邦国、市长黄菊、上海警备区司令员徐文义等党政军领导，乘坐公安交通艇，由钱盛荡向西沿老太浦河，实地察看水利工程地形、水情的情况，以及当年金秋，市政府在松江县红楼宾馆地下室召开会议，拟定"城乡一体，共同治水，人机结合，以机为主"治水方略的详细情况。

了解了国务院治理太湖流域的决策和上海市委、市政府太浦河工程大会战的决策内容后,我用了两个白天加一个通宵,完成了大特写《决策》中第一、第二部分关于国务院和上海市委、市政府及太湖流域管理局决策内容的撰写;同事朱桂林则"沉"在太浦河工程大会战指挥部及工地一线采访,完成了大特写《决策》中第三部分——关于太浦河工程大会战指挥部指挥工程实施内容的撰写。

太浦河治理涉及上海、浙江两地,由于种种原因,20世纪50年代太浦河上海段开挖无疾而终。大特写《决策》稿子撰写的难题是如何处理沪浙两地在太浦河开挖工程中存在的矛盾。上海需要水,渴望上游来水,改善上海的水环境,造福于城乡人民;上海又怕水,担心汛期上游洪水下泄,危及上海,仅1991年夏天的洪涝灾害,上海就已损失了11个亿。矛盾吗?实在是无可奈何:城市防汛能力弱。孰利?孰弊?新中国成立40多年来,上海接纳上游来水的准则,历来以确保上海城市的安危为首要任务。毕竟这是中国最大的城市之一,长江三角洲的"宝中之宝"。

为使城乡免遭洪涝之灾,近年来,上海的防汛设施日趋完善。城市排水功能的强化,黄浦江防洪墙工程的完工,上海不再矛盾。市委书记、市长定方略:上海大度纳水,引"湖"入"黄",开通太浦河,能让太湖五分之二的洪水安然宣泄。黄浦江的儿女,将用自己的胸脯,挡住滔滔洪水。大特写《决策》用"全国'一盘棋',流域同治理,喊了多少年。今夏一场大水,昔日龃龉已全然不见"的文字,表达了沪浙两地共同治理太浦河的决心。

1991年12月27日,大特写《决策》整版通讯在《解放日报》第7版刊登后,引起了强烈的反响。水利部领导在全国水利厅局长会议上表扬了此稿,认为大特写《决策》写得好,是我国新时期治水报道中的佳作,市水利局还给了嘉奖。由于大特写《决策》一稿,对国务院治水决策过程写得翔实生动,国内一位资深媒体人士评介此稿的气势有央媒之风格,上海新闻界的一些同行还误认为《解放日报》记者参加了在首都京西宾馆召开的"国务院治理淮河、太湖会议"哩!

• 例文链接 •

决　策

——太湖治理及太浦河工程前前后后

国务院：治淮河、治太湖，决心如铁

1991年9月17日。首都。京西宾馆。

上午9时，一个庄严的时刻开始。

主席台上，坐着国务院副总理田纪云、国务院副秘书长刘仲藜、全国政协副主席钱正英、水利部部长杨振怀、国家计委副主任刘江及国内水利界元老之一王林。

主席台下，端坐着苏、浙、鲁副省长凌启鸿、许行贯、王建功，皖、豫省长傅锡寿、李长春，上海市副市长倪天增，还有国家有关部委办局的头头脑脑……

一条醒目的会标横贯会场，显示着它与众不同的级别——"国务院治理淮河、太湖会议"。

上百名会议代表，神情庄严，步履匆匆。无须掂量，便知晓佩戴在胸前的代表证分量该有多重！

1991年神州大地遭受洪涝灾害。淮河流域受淹面积仅安徽省便多达430多万公顷，损失粮食43.5亿公斤，被洪水冲走了一个"粮仓"。太湖流域水位超过1954年以来的历史最高纪录，大水成灾，损失了100多亿元，丢了一个"钱庄"！

痛定思痛，大灾之后要大治！

"淮河用5年到10年时间，分两个阶段基本完成国务院确定的治理任务。当前的重点是尽快修复水毁工程，集中力量打

通中游的卡口,疏通下游入江入海通道,增强泄洪能力。"

"太湖要按照既定的规划方案进行综合治理,使太湖尽快成为具有能排、能灌、能供水和通航的综合利用功能的湖泊,当前重点是打通太浦河、望虞河,为明年防汛创造好的条件。"

李鹏总理定下盘子。决策,来自对过去的总结,来自对未来的希冀,来自对国情的把握……

中国水利史上崭新的一页,就这么揭开了。

太湖流域管理局:掘望虞、开太浦,众志成城建"钱庄"

9月19日,《解放日报》在头版显著位置刊发全国独家新闻:

"'八五'期间投资33亿元　太湖流域实施10项骨干工程。"

全国"一盘棋",流域同治理,喊了多少年。今夏一场大水,昔日龃龉已全然不见。

太湖流域,四周高,中间低,酷似扣在地上的锅底,六分之一是水面。

明朝时,太湖有300个口门泄水,迄今,80多个口门已难寻觅。堪称主要出水口的东太湖上原有的28个口门,已有11个被堵,加上历代下游围垦,人为设障,湖泊面积比原来减少了一半。殊不知,洪水也应有它的"一席之地"。

天目山雨水一日内即可入太湖,太湖水却一月难排泄。太湖水易进难出,洪水永积不化;人与水争地,洪水通道被蚕食,太湖渐患"膨胀病"。日积月累,太湖焉有不"胀"破之理?

治理江湖,疏耶?堵耶?自宋以来历代一直争论不休。最早可上溯到传说中的远古时代。

大禹以疏治水,功绩卓然,成千古美谈;大禹之父用堵治水,然水未治住,人却掉了脑袋。

太湖流域管理局的局长和工程师们一道,奔走于苏、浙、沪两省一市,研究筛选了130多种方案,遂使太湖综合治理框架形成:

疏控结合,大疏加大控。

打通太浦河、望虞河、杭嘉湖南排3个太湖下游口门,增加太湖泄洪通道。

修筑环太湖大堤,在156个原本敞开的口门上或建节制水闸,或筑土坝截流,不让洪水自由泛滥,"大游行"。下游涝水分而治之,各找出路。

规划方案,成了党中央、国务院根治太湖水患的决策依据:

太湖流域治理,以防洪除涝为主,统筹考虑航运、供水、水资源保护和水环境改善等综合效益。

综合整治太湖流域,大政方略"钦定",就看我们如何去实践,去施行。

太湖流域人口密集,经济发达。工农业总产值占全国的八分之一,财政收入占全国的六分之一。它是我国的一块黄金宝地。

田纪云如是说:

明年6月,我国的东南沿海地区又将迎来汛期。岂能容忍如今年夏季的洪水再度肆虐,让悲剧重演……

上海:大度纳水,引"湖"入"黄",书记市长定方略

上海遭受今夏洪涝灾害,损失了11个亿。这也是一种"学费"。

上海需要水,渴望上游来水,改善上海的水环境,造福于城乡人民;上海又怕水,担心汛期上游洪水下泄,危及上海。

矛盾吗?实在是无可奈何:城市防汛能力弱。孰利?孰

新闻线索从哪里来？——与青年记者聊新闻采写

弊？新中国成立40多年来，上海接纳上游来水的准则，历来以确保上海城市的安危为首要任务。这是中国最大的城市之一，长江三角洲的"宝中之宝"。

为使城乡免遭洪涝之灾，近年来，上海的防汛设施日趋完善。城市排水功能的强化，黄浦江防洪墙工程的完工，上海不再矛盾。开通太浦河，能让太湖五分之二的洪水安然宣泄。黄浦江的儿女，将用自己的胸脯，挡住滔滔洪水。

太浦河，是太湖流域综合治理10项骨干工程中的"头号工程"。其工程量之大，涉及面之广，耗资之巨，工期之紧，在上海水利史上前所未有。

当前，太浦河这国家级的河道怎样开？这对上海是一个考验。

10月31日，一个细雨蒙蒙的清晨。上海市委书记吴邦国、市长黄菊、上海警备区司令员徐文义等党政军领导，乘坐公安交通艇，由钱盛荡向西沿老太浦河，实地察看水利工程地形、水情。指指点点，思绪万千……

明隆庆年间，应天十府巡抚海瑞，以工代赈，征集民工，展开了对太湖东排重要通道——吴淞江的治理。百姓愈发敬重这位为民做主的"父母官"。

清道光年间，江苏巡抚林则徐对吴淞江"裁弯取直"，予以治理。其意义不下虎门销烟。

一个美好的民间传说，更是令人感慨。远古时，太湖至东海没有一条通道可泄水，流域之地到处受淹。一位神仙牵一仙牛，拉一宝犁，从东海滩犁向太湖。犁过之地成黄浦江，神鞭甩过的南北两边出现条条河道支流。犁到当今松江与青浦交界之地，仙牛累倒了。无奈，神仙伸张五指，由东向西在地一铲，形成了斜塘、泖河……

今冬明春需打通的太浦河,即是传说中仙牛也犁不动的低洼沼泽之地。自我们的祖先起,老百姓世世代代梦寐以求:何日,浩渺太湖水,源源向东流;黄浦江至太湖,千帆竞发,百舸争流。

金秋。松江县红楼宾馆地下室。

上海,这个向以工业、商业称雄全国,名闻世界的大都市,此时,"兴修水利,人人有责,造福当代,惠及子孙",成为"主旋律"。

"太湖流域水系与地形图""上海太浦河水利工程地形图",分列于上海"太浦河水利工程动员大会"前排两侧。倪天增副市长,这位上海防汛的"总管",此刻,面对上百位各区县的决策者、指挥者,滔滔不绝……

从人口、经济、环境协调发展的高度,充分认识水利建设的重大意义;顾全大局,肩负起历史的重任,作出上海人民应有的贡献;城乡一体,军民团结,共同治水;有钱出钱,有物出物,有力出力;体现上海水平,创造上海速度!

市长黄菊作报告。市委书记吴邦国作动员。太浦河水利工程需要搞"大会战"。

市长任组长,市委一名副书记、两名副市长任副组长,市府九个大口的委办负责人为成员。"上海市太湖治理领导小组"宣告成立。

一个河道工程,组成如此阵容,是空前的。

太浦河:城乡一体、人机结合,立体作战,前所未有

这是一个气度恢宏的治水方略。

经过了7月水患的人们,翘首期待着这一战略目标的实现,也翘首期待着进军太浦河的号角。

然而,殷切的愿望并不等于架通了跨向彼岸的桥梁。整个

新闻线索从哪里来？——与青年记者聊新闻采写

工程建设，面临着这样的现实：

时间紧——第一期工程必须在明年5月底（即汛期前）完成，前后只有半年。

任务重——为保证太湖汛期每秒泄洪300立方米，开挖到吴淞标高负1米的土方工程量高达1051万立方米。

标准高——新筑的太浦河大堤，要经受得住"百年一遇"洪潮的袭击。

显而易见，此役之战，需要一个翔实、周密、完善的实施方案。

随着80年代乡镇企业的崛起，农村的青壮劳力大量转移，务农者大都是"3861"部队。务工农民很少经受强体力劳动的锤炼，原本是"小皇帝"的少数人，更是"肩不能抬，手不能提"。挖泥开河本是农家寻常事，如今能够胜任者，为数寥寥。

太浦河宽200米，底深吴淞标高负5米。有人细算过：开河担泥者一个来回就得走500米，爬8层楼。一天几十个来回，就是空身走，也够你受的！

开挖这条上海地区有史以来最大的人工河，两种构想摆在决策者的面前：一种构想，"10万人上塘，人工挖河493万土方"；另一种，"人机结合，以机为主"。

按照第一种构想，有9公里须将老河道打坝抽水再挖河筑堤，这在施工技术上没有问题，组织10万治水大军也不难。难的是老河道淤泥厚达1米多，人工和机械清淤都不易。更有甚者，工地沿线只有18个村子，拼尽全力也只能解决3万余人的住宿，其余6万余人的吃喝住行都无法解决。

传统的构想，无法也不可能照搬套用。

当前的上海，必须在老路上创出新路。

"筑堤，人机结合；挖河，以机为主"

开挖太浦河,总工程量2 400万土方。人工筑堤、围堰230多万土方,机械挖河十占其九,高达2 150万土方。"城乡一体,共同治水,人机结合,以机为主",这一治水方略,既符合上海实情,又体现上海水平。

有例为证:实地试挖获得的数据显示,一艘每小时能挖200立方米的挖泥船,一天的工作量,相当于3 000多个劳动力。按工程所需,近30艘挖泥船12月底全部到位后,其工效抵得上10万人马。

"人机结合"的演绎是:160多万土方的筑堤任务,40%将由市经委、建委、交通办和市直机关系统的工人和干部承担。他们虽然是"工干农"的水利新兵,却不乏机械施工的行家里手。压到市郊各县(区)的分量相应减轻。

"以机为主"的内涵是:1 750万土方的河道开挖,450万土方穿荡河堤的填土修筑,将全部由挖泥船完成。按照工程要求,上海内河航道疏浚公司的10艘挖泥船,河南省水利厅5艘挖泥船,水利部第13工程局的12艘挖泥船,陆续从各地向太浦河进发。10月18日,上海内河航道疏浚公司第五船队的3艘抓斗式小型挖泥船率先抵达,拓宽河道,为大型挖泥船"开路"。12月底,27艘挖泥船全部到位。

人机结合,构筑大堤,显示了"城乡一体,共同治水"的特点。

11月下旬起,市经委、市建委、市交通办分指挥部3支"机械化部队"的200多台"942型"挖掘机、"D-5"型国内最大马力的湿地推土机以及15吨的自卸式载重卡车,从宝钢、杨浦大桥、外高桥码头、金山石化总厂、秦山核电站等工地出发,星夜兼程,相继出现在沪青平公路、朱枫公路和沿河的机耕道口。他们的目标:太浦河……

历史将永远记住这一天——公元1991年11月5日。

新闻线索从哪里来？——与青年记者聊新闻采写

青浦县练塘镇北王浜村。上午7时许,3辆草绿色解放牌大卡车出现在村头鱼塘,70多名身着"迷彩服"的"南京路上好八连"官兵进入阵地,下塘排水清淤,铲土运泥修堤……

太浦河工程拉开了序幕。

有人说:"上海人开河,靠的是装备精良,条件优裕。"是的!那散落在稻茬田里的一幢幢"工地别墅",锚泊在河湾里的一座座"水上营寨",那披星戴月、肩挑人扛的火热场面,同样耐人寻味……

十多年来成果辉煌的"农村家庭联产承包责任制"在太浦河工地上被成功地借用。筑堤围堰,土方包干;大堤两侧,绿化包干;工程质量,包干到家……"谁家的孩子谁家抱!"市太浦河工程总指挥部指挥长黄富荣如是说。

12月7日,金山县承包的1.7公里大堤完工。

12月15日,市建委系统宝钢五冶、十三冶、宝冶承担土方机械化施工的大堤完工。

12月底,太浦河工程第一战役(筑堤)将全线竣工。在人们的面前,太浦河南北沿岸已崛起两条吴淞标高5.5米、底宽28米、长15.24公里的巍巍"长龙"。

12月22日,《人民日报》盛赞"太浦河工程上海段质量一流"。

明年6月,汛期来临之际,浩浩太湖水将沿着太浦河奔黄浦、入东海,一路潇洒……(记者朱瑞华 朱桂林)

(原载《解放日报》1991年12月27日第07版)

农业部长会上表扬记者讲真话

20世纪90年代初,改革开放为上海郊区农村经济的全面发展注入了巨大活力,其中一个明显的特点是,第二、第三产业得到了迅猛的发展。但毋庸讳言,在连续十多年保持稳定增长势头的喜人形势下,上海农业生产也同样存在着不容忽视的问题和潜在的危险。

基于这样的背景,1993年1月,上海市农委召开了郊县分管农业副县长会议,座谈研究部署稳定发展上海农业的问题。分管农业副县长这个级别的会议,通常不会有什么大新闻,按照惯例,请农委办公室的通讯员发条简讯就可以了,上海新闻界记者一般不会去会场采访的。但多年来当记者的经历告诉我:除了采写开会的会议新闻之外,记者还能从会议中捕捉其他有价值的新闻。我抱着从一般会议中捕捉其他有价值的新闻的心态,参加了市农委召开的郊县分管农业副县长座谈会。不出我所料,除了《解放日报》外,上海新闻界没有第二家新闻单位派记者与会。

近几年来,每年党中央都将"三农"工作作为一号文件下发,足见其重要意义。作为《解放日报》联系上海农口的记者,脑海中始终有一根弦:农业是国民经济的基础,任何时候,我们都不能忽视农业。基于这样的认识,虽然上海分管农业副县长会议的级别不高,但在当时背景下召开却有着重要的意义,这是促使我与会的另一个重要原因。

新闻线索从哪里来？——与青年记者聊新闻采写

座谈会上，我认真倾听每一有位与会人员的发言，果然收获满满。有一位农村干部诉说，时下，一些种粮农民在抱怨："一根'中华'（香烟）抵3斤谷，伲农民想想要哭。"究其原因，农用生产资料大幅度提价，粮食收购价下跌，农民各项负担过重，经济收入下降。农业干部也有诸多苦恼：苦恼之一，一些领导干部的心目中农业排不上位置，农村中流传着"第三产业是'春天'，蓬勃发展；外向型经济是'夏天'，热火朝天；乡镇工业是'秋天'，果实累累；农业是'冬天'，冷冷清清"的说法。苦恼之二，苦干有份，提拔无望。一些党委组织部门在提拔正职干部时，往往从非农业部门选拔的居多。有的干部无可奈何地说，一入"农门"，"苦海"无边。因此，许多农业干部普遍有自卑感、失落感，纷纷找组织部门要求转岗，或干脆"跳槽"。苦恼之三，吃力不赚钱。有人戏称抓"基础"产业的干部是头等的"地位"、末等的待遇，年终分配低于同职干部。此外，一些开发区、工业区及旅游开发区，在投资项目还没有落实前，即成片圈地，造成耕地圈而不用，往往成为"遗忘的角落"，长年累月地"晒太阳"。

通过采访，让我深感上海农业在喜人的形势下，也存在着不容忽视的问题和潜在的危险。农业是国民经济的基础，基础不牢，地动山摇。我感到，如何稳定发展上海的农业是个大问题，需要引起各级领导的高度重视。为此，我通过采访撰写了三篇关于稳定发展上海农业的观察与思考，就一些突出问题作出分析。一是《种粮农民的困惑——关于稳定发展上海农业的思考之一》，并加了编者按，刊于《解放日报》1993年1月29日第02版头条；二是《农"官"们的苦恼——关于稳定发展上海农业的思考之二》，刊于《解放日报》1993年2月2日第02版；三是《耕地在呼唤——关于稳定发展上海农业思考之三》，刊于《解放日报》1993年3月5日第02版。

当年,全国农业厅局长会议在上海农业大厦举行,农业部长刘中一表扬了《解放日报》关于稳定发展上海农业思考的三篇系列深度报道。刘中一部长在会上说,上海报社有一位记者写的关于稳定发展上海农业思考的三篇文章很好,这些问题在全国有普遍性……

《解放日报》关于稳定发展上海农业思考的三篇系列深度报道,不仅在本市及全国引起了不小的反响,而且获得了当年度华东九报重点报道二等奖。

新闻线索从哪里来？——与青年记者聊新闻采写

• 例文链接 •

种粮农民的困惑

——关于稳定发展上海农业的思考之一

[编者按] 改革开放为上海郊区农村经济的全面发展注入了巨大活力。其中一个明显的特点是，在第二、第三产业迅猛发展的情况下，农业生产连续十多年保持稳定增长势头。去年农副业的各项主要生产指标又都完成或超额完成。然而，在喜人的形势下，上海农业也同样存在着不容忽视的问题和潜在的危险。对此，本报将发表数篇记者的观察与思考，就一些突出问题作出分析。

农业是国民经济的基础，任何时候，我们都不能忽视农业。解决上海农业存在的问题，除了农村的努力之外，还有赖于城市各行各业的支持。我们相信这些对上海农业发展颇有见地的报道，一定会引起读者的关注。

日前，记者在一次郊县干部座谈会上听到一位农村干部诉说，时下，一些种粮农民在抱怨："一根'中华'（香烟）抵3斤谷，伲农民想想要哭。"种粮农民为何要发这样的牢骚？对此，记者作了一番调查研究后发现，由于去年农用生产资料大幅度提价，粮食收购价下跌，农民各项负担过重，经济收入下降。

上海的农业在整个上海经济中虽然所占比重较低，但却是"小小秤砣压千斤"，对上海的经济发展、社会安定有着极其重要的作用。由于市委、市府领导的重视，上海农业连年稳产高产，农村经济持续稳定发展。但从去年开始，由于农业生产资料大幅度提价,农民难以承受。如:六种常用化肥提价 11.4%—24.7%,七种常用农药品种提价 9%—25%。前几年平价柴油每升平均 0.56 元,去年"三秋"时平价柴油每升"跳"到 1.70 元,议价柴油每升则 2 元多,涨了 2 倍以上。一些农民说:"拖拉机到田头,伲农民买勿起柴油,结果'铁牛'成'死牛'。"这就造成去年"三秋"时农民走低投入低产出道路,粗耕粗种,少施化肥和农药。据市农业部门统计,去年"三秋"农民减少投入 17% 左右,可能会影响今年的夏收。

粮食收购连年跌价,使纯农户的收入明显下降。据市有关部门资料显示,以稻麦两熟亩产粮食 700 公斤计,亩均毛收益(活劳动不计成本),1989 年为 249 元,1990 年为 191 元,1992 年下降到 100 元左右。去年夏熟大麦每公斤亏损 0.25 元左右,小麦每公斤亏损 0.05 元左右。去年秋熟议价粳谷每公斤 0.76 元,比上年降 0.12 元。种粮农民辛苦一年,但增产不增收,甚至亏本,再加上经常出现"卖粮难",农民哪有种粮积极性?据市郊一个产粮县领导透露,去年农业成本增加 900 多万元,粮食收购降价 1 200 多万元,纯农业总产值比上年减收 2 500 万元,预计有 6% 左右的纯农户成为"透支户"。由于种粮效益明显下降,农民对种田失去了热情,致使相当部分农民存在着"粮食多种不想,少种不像样,种种白相相,解决自己吃口粮"的思想。许多农民纷纷央人托保,要求跳出"农门"。农民们说,"吾伲现在弄不懂,上面领导号召要缩小工农'剪刀差',但有关部门却在扩大'剪刀差',这田叫吾伲今后怎么能种下去?"农民,已陷入了深深的困惑。

一些长期从事农业及农村工作的干部指出,农业与其他产业相比,社会效益高,经济效益低,即使世界上的一些发达国家的农业,也离不开国家的扶持和支撑。因此,上海农业除了自身的积累外,必须要有政府行为支持。他们认为,除了政府制定一些稳定、提高农业的政策措施外,有关部门应从城乡一体化出发,真心实意地为农民服务,大力支援农业,不要老是在农民身上打主意,也不要对农业"热"一阵、"冷"一阵,使农民无所适从。上海要真正形成按照社会主义市场经济规律发展农业的良好环境。他们建议,对一些护农、兴农的政策措施,通过一定的程序,使之法规化、制度化;对市、县(区)有关农业的主管部门、工业部门、供销物资部门、金融部门、商业部门和企业的领导,进行重视、支援农业问题的专题考核,并由监察部门对此定期检查;对损农、伤农、坑农的人与事予以严究,切实保护农民的生产积极性,为上海农业的发展创造一个良好的环境。(记者朱瑞华)

(原载《解放日报》1993年1月29日第02版)

农"官"们的苦恼

——关于稳定发展上海农业的思考之二

当今,上海郊区各条线干部中要数从事农业工作的干部最难当,苦恼也最多。究其根由,农"官"们的苦恼与上海农业在新形势下出现的一些新情况有关。

上海的农业历年来由于坚持"以工补农"壮大实力,农田设施配套成龙,服务体系健全,赢得了农业生产的稳产高产,从而在全国处于领先地位。但毋庸讳言,随着第二、第三产业的高速发展,部分领导干部抓农业的精力分散,轻农思想有所抬头,农业战线上的干部对此苦恼甚多。

苦恼之一,农业干部"话讲勿响,事做勿像样"。由于农业经济效益差,农业在整个农村经济中所占比重越来越低,在一些领导干部的心目中农业排不上位置,在各种会议场合往往强调第二、第三产业的多,强调农业是基础的少,加上有些地方对农业实际投入的减少,致使农业干部说话没人听,话讲没底气,用于农业的资金缺乏,许多事情办不像样。一些干部说,现在农村中流传着这样的说法:第三产业是"春天",蓬勃发展;外向型经济是"夏天",热火朝天;乡镇工业是"秋天",果实累累;农业是"冬天",冷冷清清。因此,我们农业干部要识相。

苦恼之二,苦干有份,提拔无望。农业干部经常战斗在生产第一线,每年"三夏""三秋"农忙季节,以及冬春兴修水利战役中,时常顶风冒雨、餐风饮露,带领农民苦干大干。但据有关部门调查,一些党委组织部门在提拔正职干部时,往往从非农业部门选拔的居多。有的干部无可奈何地说,一入"农门",等于下了"苦海"。因此,许多农业干部普遍有自卑感、失落感,纷纷找组织部门要求转岗,或干脆"跳槽"。

苦恼之三,吃力不赚钱。时下,干部的基本工资均不高,总收入中相当部分是奖金及效益工资。由于农业,尤其是种植业效益下降,加上年终分配时政策有欠妥之处,与其他条线干部相比,农业干部的收入偏低。有一个乡,一位分管农业的干部,实绩考核时属于头等,但最后奖金却拿三等。有人戏称这位抓"基础"产业的干部是头等的"地位",末等的待遇。这种情况,在市郊绝非个别。

苦恼之四,困难重重,农业难搞。据农村干部反映,在一些县、乡、镇,人代会通过的对农业的各项投资年年增加,但真正用于农业上的投入究竟有多少,恐怕谁也搞不清楚。此外,在经济状况比较差的乡、镇,据圈内人士透露,"以工补'府'(政府)"的现象普遍存在。其后果是在一些地方,水利设施老化,河道淤塞,闸门损毁,排灌机械设备破旧,为农服务体系削弱,致使农业抗灾能力下降,这是农"官"们的最大苦恼。

农"官"们的苦恼,反映了在新形势下农业上出现的一些问题。一言以蔽之,部分干部对农业是基础的重要性缺乏认识。记者认为,要稳定、提高上海的农业,除了有一系列政策措施外,关键是要稳定农业干部队伍,各级领导要在政治上关心他们,在经济上给予他们与其他条线干部同等的待遇。尤其是对村、队的基层干部的经济报酬,县、乡、镇应制定倾斜政策,或向乡镇企业内干部靠拢,或按工作时间长短,确定退休后的报酬,以解除农业战线上各级干部的后顾之忧。(记者朱瑞华)

(原载《解放日报》1993年2月2日第02版)

耕地在呼唤

——关于稳定发展上海农业思考之三

随着上海对外改革开放的深入以及上海城乡经济的迅速发展,去年上海利用土地的速度相应加快。按照土地审批手续,在上海城乡接合部兴办了各类开发区,建起了一大批居民住宅,加快了小城镇建设的步伐。此外,郊区还突破了土地批租的"禁区",嘉定等七个县(区)共签约出租地块48幅,既筹措了基础设施建设资金,又促进了郊区产业结构的调整和经济发展。

但毋庸讳言,一些征地建设单位对已征的耕地如何加以珍惜利用,减少土地资源的浪费,尚有不尽如人意的地方。如一些开发区、工业区及旅游开发区,在投资项目还没有落实前,即成片圈地,或搞"三通一平",造成耕地圈而不用。据介绍,此种情况在一些乡镇自办的工业区内更为突出。其次,一些建设单位在征用成片耕地时,因所在的村队被撤销,农民成工人,剩下的一部分耕地给征地单位带征。由于整个地区的水系、生产条件被破坏,这些被带征的土地已不适宜农民耕作,往往成为"遗忘的角落",长年累月地被"晒太阳"。一些乡镇企业在兴建厂房时浪费土地的现象也很严重,土地利用率只有一半左右。据土地管理部门透露,有的县(区)还违反国家有关土地管理审批规定,将土地审批权擅自下放给乡镇,在一定程度上加剧了土地管理上的混乱。

上海是个人多地少的大城市,土地更显得金贵。前几年统计,上海人均土地只有0.9亩,人均占有土地面积在全国各省市中属比较低的。对此,记者走访几个市有关主管部门,他们认为,各用地部门必须严格执行各类开发区和城镇建设用地、特别是占用耕地的审批手续;划定基本农田保护区,完善保护措施;对以兴办开发区和城镇建设名义圈而未用的耕地,没有依法办理审批手续,又不具备补办条件的,建议将耕地退回给农民;对那些已征用的耕地,近年内无法上马的,应鼓励农民继续耕种,防止这些耕地继续"晒太阳"。(记者朱瑞华)

(原载《解放日报》1993年3月5日第02版)

记者要为农民走向市场鼓与呼

奉贤农民宋炳贤，本是一位"养猪状元"，曾荣获全国劳动模范称号。20世纪90年代初，宋炳贤听市农委的一位领导说养殖法国"朗德鹅"，加工鹅肝出口能赚大钱，于是听信了这位领导的话，个人借贷100多万元，造房搭屋，建成了占地30多亩的"朗德鹅"养殖及加工基地。令人意想不到的是，由于信息有误，宋炳贤加工的鹅肝出口销售渠道不畅，14 000羽商品鹅成了"库存物资"。此外，由于向银行告贷无门，无钱购买鹅用饲料，成长中的2 000多羽青年鹅竟被活活饿死，圈存的12 000羽成年鹅在连续高温酷暑下，挨饿待毙的鹅群更是鸣叫不已，向天哀歌。

　　市场放开之后，农民如何走入市场这一问题显得特别重要，可以说是个"顶天立地"的大事，我作为联系农业条线的记者，一直在关注这方面的问题。一次去奉贤农业局采访，全国劳动模范、奉贤县农民宋炳贤养殖"朗德鹅"因销售受挫、损失上百万元的事件进入了我的视线。通过深入采访，我感到市场放开之后，在农民如何走入市场这个问题上，亟须解决两个问题：一是在眼花缭乱、真假难辨的海量信息中，农民们如何正确捕捉各种致富信息；二是各级党、政组织如何帮助农民走入市场。因此，我敏锐地感到"养猪状元"、全国劳动模范宋炳贤改养"朗德鹅"销售受挫损失上百万元的事，绝不是一则普通的社会新闻,而是一则具有重要指导意义的新闻。

我国是农业大国,农民又是弱势群体。据此,我撰写了两篇稿件:一篇为《"朗德鹅"为何向天哀歌——上海农民走向市场的思考之一》,并配编者按,在《解放日报》1994年8月5日第02版刊登。这篇稿件的重要意义在于,在市场放开之后农民在如何走入市场的问题上,一定要搭准这个时代的"脉搏",提醒广大农民兄弟,在走向市场的过程中,对种养信息要注重分析研究、科学论证,避免遭受不必要的经济损失。

"'朗德鹅'为何向天哀歌"引出的新话题,是政府在农民如何走入市场问题上的作用,就是政府不能"越位",也不能"缺位"。由此,另一篇《政府应为农民造座"桥"——上海农民走向市场的思考之二》,即在《解放日报》1994年8月6日第02版刊登。此文旨在说明市场放开之后,农民在走入市场时,呼请各级党政部门和中介组织为农民走入市场提供方便。农民从计划经济向市场经济转变时,农民与市场间往往有一条"河",各级政府要帮助农民架座"桥",帮助农民过"河"。比如要形象而生动地向农民传播社会主义市场经济知识,建立与市场挂钩、对农民负责的中介组织等。

两篇有关"朗德鹅"事件的思考性连续报道刊发后,社会各方反响强烈,好评如潮,特别是农民们纷纷来信来电称赞记者铁肩担道义,妙手著文章。从"朗德鹅"事件的两篇思考性连续报道产生的社会各方强烈反响中,我深切地体会到,作为党的机关报记者和一名党员,一定要牢记共产党人为人民的初心,要敢于为农民走向市场鼓与呼,在农民如何走入市场上助一把力。

新闻线索从哪里来？——与青年记者聊新闻采写

• 例文链接 •

"朗德鹅"为何向天哀歌

——上海农民走向市场的思考之一

[**编者按**] 市场放开之后，农民如何走入市场，各级党、政组织如何帮助农民走入市场，这一问题的提出，已经有几年时间。其间，我们有成功的经验，但现在看来，新的情况、新的问题还不少。全国劳动模范、奉贤县农民宋炳贤养殖"朗德鹅"因销售受挫而大受损失的事件就是突出一例。这一典型事例的意义在于提醒我们，在农民如何走入市场这一问题上，还有许多情况需要我们深入研究，还有许多问题需要我们扎扎实实地去解决。一般号召不行，以传统的方法去开展工作也不行，必须从深化改革出发，探索出一条新路来。

本报从今日起将发表两篇有关"朗德鹅"事件的思考性文章，以期引起广大读者和有关部门的重视。

宋炳贤，这位奉贤县邬桥乡张塘村的中年农民，1989年的全国劳动模范，曾经闻名市郊的"养猪状元"，近三个月来却欲哭无泪。他不为养猪的事，实为无辜的"朗德鹅"面临饿死的厄运而悲伤。

一年来，他含辛茹苦饲养的14 000多羽"朗德鹅"，因销路难开，告贷无门，饲料短缺，2 000多羽青年鹅竟被活活饿死，一下子损失6万多元。现存的12 000羽成年鹅被迫节食，每羽体重比原来减了1公斤左右，肥鹅成了瘦鹅。近期连续高温酷暑，挨饿待毙的鹅群更是鸣叫不已，其状甚惨。

去年4月,宋炳贤听说养殖法国"朗德鹅"可赚大钱,他在上海一家公司同意回购商品鹅的协议承诺前提下,向各方借贷110万元,购种鹅、建棚舍及加工、屠宰、冷藏等用房。至今年春天,终于建成了占地30多亩的"朗德鹅"养殖基地。今年4月,仔鹅养成商品鹅。岂料,由于销售渠道不通,上万羽商品鹅不但成了"库存物资",而且每天还要消耗近3吨精饲料。宋炳贤招架不住了。他一面请求几家饲料厂暂赊饲料款,一面降低鹅群定"粮"标准。每羽鹅饲料由原来每天250克减至50克,大量辅以杂草充饥。最困难的一天,他只给鹅群喂一餐。但即使再节食,每天仍需支出3 000多元饲料成本。他估算,即便圈存的鹅群全部出售,净亏40多万元已成定局。倘若仍销售无门,其损失不堪设想。奉贤县委、县政府对此颇为重视,出面解难。但销售迫在眉睫,行政干预的效果究竟有多大尚是个未知数。这位精神几乎崩溃的农民日前向记者披露,他企盼有关方面伸出救援之手,助其渡过难关。

宋炳贤耗巨资投入"朗德鹅"养殖,其初衷是通过探索,既为自己又为当地农民另辟一条致富门路。但由于种种原因,他本人付出了昂贵的"学费",换来的却是"朗德鹅"挨饿的声声哀鸣。"朗德鹅"的悲哀是令人深思的。

"朗德鹅"为何曲颈向天哀歌?

一哀:农民在走向市场的过程中,有投资的热情,但经受不起市场的瞬息万变,缺少应变能力。想当年人们视"朗德鹅"为"摇钱树","朗德鹅"一出娘胎身价即值75元人民币,还你抢我夺,当作一个宝。迄今,竟你嫌我弃,当作一棵草,致使这些在法国被称为"皇帝的女儿"的鹅,在这里却"嫁"不出去。这说明,即使有了能致富的信息,而没有应变能力,仍不能获得应有的经济效益。

二哀：农民走向市场缺乏有力的中介组织做"红娘"。世界名种"朗德鹅"的"鹅肥肝"是一种风靡全球的美食。改革开放以来在我国的许多涉外高级宾馆饭店的餐桌上亦有这道美味佳肴，日前"鹅肥肝"仍从国外进口。可见对"鹅肥肝"，市场上有一定需求量。无奈上海城乡为农副产品产销牵线搭桥的"红娘"——各种形式的中介机构仍属凤毛麟角，为外销服务的中介机构更少。遂使"朗德鹅"不认识市场，市场亦不认识"朗德鹅"。

三哀：农民走向市场势单力薄求援无门。上万羽"朗德鹅"迄今靠每天50克食粮充饥，食不果腹。加上连续高温酷暑折磨，每天有不少的鹅在呻吟中死去。对此，同情者甚多，帮忙解救者甚少。谁来解救上万羽濒临危难的商品鹅？谁来扶持一把这些在市场经济大潮中还没有学会"游泳"的农民兄弟？（记者 朱瑞华 朱桂林）

（原载《解放日报》1994年8月5日第02版）

政府应为农民造座"桥"

——上海农民走向市场的思考之二

"朗德鹅事件"，启迪人们认真思考一个深层次的问题。即上海农民正从行走了几十年的计划经济道路上转出身来，大多数人既有重新学步的冲动，又有难以适从的彷徨。农民与市场间有条"河"。农民要走入市场显然要有座"桥"。市郊各级政府如何帮助农民架设好这座"桥"？记者认为，有三个方面的"工程"至关重要。

第一个"工程"是要形象而生动地向农民传播社会主义市

经济知识。近年来,向市场转轨中的市郊农业,总体的发展趋势是健康的,但也有一些令农民困惑的现象。如猪肉、蔬菜、食油等农副产品的生产,不时与市场产生"阻塞"或"短路",以前"多了多、少了少"的怪圈仍未消失。政府和宣传部门,就应抓住一些典型事例,通俗易懂地进行分析,让农民嚼透市场经济这颗"橄榄",认识市场经济的运作规律,增强风险意识。

第二个"工程"是建立与市场挂钩、对农民负责的"中介组织"。近年来,市郊农副产品的销售体制,初步形成了国家、集体、个人三者联动的流通格局,即农办农贸市场、专业农业经济公司、个体经纪人。然而,市郊现有的这些"中介组织",尚不能完全满足农副产品蓬勃发展的需要。一些"中介组织"服务不善,经营乏力,费用过高。市郊各级政府应抓紧筹划,加强管理,促其迅速、健康地发展起来。

第三个"工程"是帮助农民克服单家独户走向市场的困难。奉贤县的野鸡、野鸭、鹧鸪等珍禽养殖业,今天能发展到年产30多万羽生产量的规模,完全得益于农民联手上市的流通形式。养殖大户邱润土和陆志华先后组织合作社,将分散饲养的珍禽集中销售;松江县的"上海大江"和奉贤县的"古华",在"利益共享、风险共担"的前提下,凭借龙头企业拥有的先进种养技术及强大的加工、销售能力,形成实力雄厚的产加销一体化农村经济综合体,这样的"工程",是值得政府大力扶持和积极建设的。

(记者朱桂林 朱瑞华)

(原载《解放日报》1994年8月6日第02版)

一篇影响市长决策的新闻

贯穿上海市区东西的苏州河，由于数十年没有全面疏浚，20世纪90年代，河底淤浅严重，黑臭的污泥中除含有大量的有机质外，还含有多种重金属元素等有毒有害物质。专家估计，仅北新泾、叶家宅和西藏路桥前后等三段8公里长的苏州河河道，淤积的污泥总量约60万立方米。有市民这样形容苏州河："50年代淘米洗菜，60年代洗衣灌溉，70年代全线黑臭，80年代鱼虾绝代。"因其臭气熏人，那时候，路人在苏州河边行走时往往要掩鼻而过。因此，对苏州河的黑臭问题，市民呼声很高，市政府也颇为头疼。对苏州河治理的任何信息，也是上海媒体时刻关注的热点新闻。

1995年底的一天，我在市水利局采访，本意是想了解一下1996年度水利建设方面的计划，寻找新闻报道的线索。市水利局宣传部门提供的素材大都是常规性报道，届时按时间节点刊发报道就行了。在我准备回报社时恰遇市水利局的一位高工，闲谈中得悉他们课题组刚刚完成了有关苏州河综合治理的对策研究报告。记者职业的敏感告诉我，这可能是个大新闻。我当机立断，向这位高工提出了采访的请求。

1995年前，苏州河一期合流污水综合治理工程的兴建，对解决苏州河水质污染、黑臭，起了一定的缓解作用，但治表未治本。而此次市水利专家组提出的"清底""引清""接管""截直"苏州河综合治理的对策研究方案，如果能够得以实施，可使苏州河水真正变清。为了给专家组的治河方案加把"火",我通过采访课题组的水利专家,将苏州河综合治理的对策研究方案写成工作研究一稿:主标题为"苏州河何日水清清",副标题为:"水利部门提出'清底、引清、接管、截直'四管齐下"。此稿,刊于《解放日报》1995年1月6日第01版重要位置。据市水利主管部门透露,水利专家们提出的"清底、引清、接管、截直"四管齐下的对策建议,《解放日报》报道刊登后,在全市引起强烈反响,市民们纷纷向市政府领导写信,盼望"苏州河早日水清清"。

顺应民心的苏州河综合治理的对策研究方案,得到了市政府领导的高度重视。1996年,上海市苏州河环境综合整治领导小组成立,徐匡迪市长担任领导小组组长,提出了"全面规划、远近结合、突出重点、分步实施"的治理方针,大规模的苏州河综合整治成为上海市环境治理的重头戏。

1998年,苏州河环境综合治理第一期工程开工。第一步:截污。2001年4月,苏州河六支流截污工作全面展开,苏州河支流每天产生的30万吨污水被截流,送往占地66.17公顷的石洞口污水处理厂。第二步:接管。在第一期工程中铺设了直接接到污染源的污水管道。污水管道又将污水输送到污水处理厂进行处理,以白龙渡污水处理厂为例,其处理规模达200万立方米/日,处理能力占当时上海城市污水处理能力的1/3左右。第三步:调水。截污纳管的同时,综合调水作为辅助措施多次使用。工程重新设计了黄浦江和苏州河交汇处、苏州河河口的闸门。这是上海市为治理苏州河开的一剂独特"药方"。这一闸门设立后,黄浦江涨潮时把苏州河的污水拦住,使涨潮的水推不上来;落潮的时候,可以使苏州河水加快流入黄浦江;此外,调太湖水冲刷苏州河,同时,上海继续治理苏州河的六大支流,还对那些或穿流过市区、或散布农村田间的水环境"毛细血管"进行治理,让平均长度不到 1 公里的中小河道也告别黑臭,整个水系的水质日渐趋好。第四步:清淤。河底淤积了百年的底泥是个大问题。2007 年,苏州河环境综合治理第三期工程正式开工。这一工程使用了 128 艘 300 吨运泥船来回驳运,经过 6 288 船次的运输,总航程 55 万公里,相当于一艘 300 吨挖泥船绕地球开了近 14 圈。6 个月时间挖出约 130 万立方米的黑臭淤泥,平均每天挖出 7 000 立方米淤泥,12 台液压定位桩挖泥船同时作业,创苏州河疏浚历史之最。

2012 年,苏州河环境综合治理战役告捷,河水变得清澈,水质稳定在 V 类标准,环境面貌有了很大改观。同时,水生态系统也得到改善,部分河段又现鱼虾。调查数据显示,市区河段出现了鲫鱼、似鳊、麦穗鱼等,种类已经达到 45 种,接近 1960 年的 49 种,表明苏州河的鱼类群落在恢复中,苏州河基本实现了"水清清"。

上海市没有懈怠,又开始了苏州河第四期环境综合整治。据悉,1~3 期整治工程投资近 150 亿元,苏州河建起 23 公里的绿色长廊,65 万平方米大型绿地。如今,苏州河碧波荡漾,垂柳依依,龙舟竞渡,百舸争流,再现一道道亮丽风景线,市民领略了苏州河之美,它也成为沿岸市民喜爱的亲水休闲去处。

• 例文链接 •

苏州河何日水清清

水利部门提出"清底、引清、接管、截直"四管齐下

一期合流污水综合治理工程的兴建，为解决苏州河水质污染、黑臭，起了一定的缓解作用。然而，要真正使苏州河水变清，还必须"清底""引清""接管""截直"。这是市水利部门最近提出的对策。

所谓"清底"，就是清理苏州河河底的污泥。由于数十年没有全面疏浚，苏州河河底淤浅严重，黑臭的污泥中除含有大量的有机质外，还含有多种重金属元素等有毒有害物质。专家估计，仅北新泾、叶家宅和西藏路桥前后等三段8公里长的苏州河河道，淤积的污泥总量约60万立方米，如果不及早予以疏浚开挖，河道水清必然无望。如何利用苏州河河道的污泥，市水利部门设想，除了用于填低洼地外，也可烧制路面砖，用于市政道路建设，化害为利，化废为宝。

所谓"引清"，就是引来清水养河。由于苏州河功能萎缩，蓄容不够，缺乏自净能力，应在清除河道污泥的基础上"吐故纳新"。市水利部门根据嘉定区引长江江水改善地区水环境的经验，提出能否引长江之清泉来"济苏州河"，达到"引清冲污"之目的。据悉，前几年杭州西湖，亦曾引钱塘江水来冲刷稀释污水，收到成效。

"接管"，就是要充分发挥合流污水工程效能，将企业的排污管与合流污水总管连接起来。据介绍，合流污水工程设计日排污水能力为140万吨，但目前日排污水量只有100万吨，排污能

力放空。其原因在于沿江的一些企业不景气,承受不了"接管"工程的费用和接通后的费用负担,致使这些企业的污水至今仍直接排放苏州河污染水质。市有关部门若能及早制定鼓励政策,如对亏损企业排污并入合流污水工程的费用实行减免或银行贴息贷款,就可以使这些企业的污水尽早"接管",减轻对苏州河的污染。

对苏州河的治理,水利部门还提出"截直"。苏州河平均宽度为50米—70米,河道呈九曲十八弯。从市区曹家渡到恒丰路桥直线距离仅3.5公里,但河道长达7公里。河道弯曲,水流缓慢,不利于河道的养清。苏州河地处市区黄金地段,倘若制定规划,结合小区改造或实行批租,多方筹资,对苏州河进行截弯取直,既能振兴苏州河沿岸的商业,傍水兴市,又能"以河养河",有利于苏州河水环境的改善。如真如港1公里河道截弯取直,市水利部门就结合中山北路批租改造,解决了资金问题。(记者 朱瑞华 通讯员吴树福)

(原载《解放日报》1995年1月6日第01版)

东海带鱼内参稿进了中南海

黄鱼、鲳鱼、带鱼、墨鱼是东海四大经济海产,也是上海人餐桌上的传统佳肴,而带鱼居此四大类之首。但从20世纪60年代起,东海的黄鱼、鲳鱼、墨鱼就开始少了;到20世纪90年代初,能成鱼汛的只有带鱼,年捕捞总量达80多万吨,约占全国带鱼总产量的70%。

20世纪90年代末,由于酷渔滥捕产卵期带鱼,带鱼资源急剧下降,渔业总产量中带鱼同比下降一成多,每年减少4至5万吨。此外,捕捞上来的带鱼中条子小,尾重100—150克的要占一半左右,大量是如面条一样的带鱼丝,只能作饲料。东海带鱼形成不了带鱼汛,这是东海渔业资源严重衰退的一个危险信号。

东海的带鱼究竟"游"到哪里去了?对此,我先后采访了国家渔业主管部门——农业部东海渔业渔港监督管理局,以及东海水产研究所、市海洋渔业公司等单位和渔业专家,掌握了第一手资料,摸清了东海带鱼形成不了带鱼汛的根本原因。

原因之一是狂捕滥捞幼带鱼。1996年9—10月间,有相当部分集体、个体渔船无视国家有关规定,狂捕滥捞禁渔线向东30海里以内正在向商品鱼转变的幼带鱼。人员、装备均有限的渔政检查人员,奈何不了"千军万马"对幼带鱼群的"铁壁合围",致使7—8月的保护成果损失大半。

原因之二是渔船马力猛增。国家规定"八五"期间东海区马力控制指标为497万匹。但至1995年底,东海区苏、浙、闽、沪三省一市总马力已达到673.6万匹,比"八五"末马力控制指标高出54.22%,年平均增长率达到9.05%。日趋衰退的渔业资源已无法承受。

东海带鱼资源严重衰退,形成不了带鱼汛,这是个重大问题,亟须引起国务院的重视。《解放日报》是上海市委的机关报,除了每天出版日报外,由报社内参组在规定的日期内出一份内参稿,全称为《解放日报情况反映》,供本市副市长及副部级以上领导阅读。经过反复思考,我决定将东海带鱼资源严重衰退情况撰写成《解放日报情况反映》"内参"稿,下情上达党中央国务院。

"内参"稿的采写要求很高,首先是反映的问题重大,其次是反映的问题情况必须真实,否则,若内容不真实导致上级领导错误决策,作者是要负责任的。基于这样的认识,向东海区渔业监管部门反复核实有关情况后,我将东海带鱼资源严重衰退的原因以及国家应出台相应政策措施的建议,写成了《东海带鱼到哪里去了?——对近海捕捞渔业的思考》的《解放日报情况反映》"内参"稿。

这篇"内参"稿,引起了党中央机关报——《人民日报》内参部的高度重视,内参部编辑专程从北京打来电话向我再次核实情况后,《人民日报》内参部向党中央、国务院转发了我撰写的这篇"内参"稿,引起了国务院领导的重视,之后,国务院先后出台了渔船在9—10月严禁捕捞幼带鱼、强化陆上市场管理、从严处罚从事幼带鱼买卖的有关法规。之后,国家出台了《渔船法》,并严格造船许可证制度,以控制马力的增加、减轻捕捞强度,还下发了一系列强化东海伏季休渔、保护产卵期带鱼等红头文件。

为配合强化东海伏季休渔的举措实施,我将《东海带鱼到哪里去了?——对近海捕捞渔业的思考》《解放日报情况反映》"内参"稿,改写成适宜报纸公开报道的观察与思考后,于1997年3月11日在《解放日报》第2版重要位置作了公开报道,以唤起全社会保护东海渔业资源的意识。

• 例文链接 •

东海带鱼到哪里去了？
——对近海捕捞渔业的思考

冬汛带鱼开捕至今已有四个月之久，但从东海渔区传来的信息却不容乐观，渔业总产量中带鱼同比下降一成多，预计减少4—5万吨，且所捕带鱼条子小，尾重100—150克的要占一半左右。东海的带鱼究竟"游"到哪里去了？近日记者作了一番探访。

黄鱼、鲳鱼、带鱼、墨鱼四大花式鱼，是上海人餐桌上的传统佳肴。但从60年代起，东海的黄鱼、鲳鱼、墨鱼就开始少了；到90年代初，能成鱼汛的只有带鱼，年捕捞总量达80多万吨，约占全国带鱼总产量的70%。为了保护东海的带鱼资源，国务院去年作出决定，每年7月1日至8月31日东海渔场禁止拖网和帆式张网渔船生产；9月1日至10月31日，拖网渔船可以在禁渔线向东30海里以内的海域作业，但仍须实行幼鱼比例检查制度。这一措施出台以来，冬汛带鱼却没有高产，行家分析主要有三个方面的原因。

原因之一是成鱼群体减少。由于前些年带鱼捕捞强度过大，去年成鱼群体比上年减少2成，加上当年伏季海洋水温比上年同期低1~2摄氏度，产卵带鱼"晚育"，冬汛捕捞时带鱼量少，且呈小型化和低龄化也就不足为奇了。

原因之二是狂捕滥捞幼带鱼。去年9—10月间，有相当部分集体、个体渔船无视国家有关规定，狂捕滥捞禁渔线向东30海里以内正在向商品鱼转变的幼带鱼。人员、装备都有限的渔政检查人员，奈何不了"千军万马"对幼带鱼群的"铁壁合围"，致使 7、8 两个月的保护成果损失大半。

原因之三是渔船马力猛增。国家规定"八五"期间东海区马力控制指标为 497 万匹马力。但至 1995 年底,东海区江苏、浙江、福建、上海三省一市总马力已达到 673.6 万匹,比"八五"末马力控制指标高出 54.22%,年平均增长率达到 9.05%。值得注意的是,集体、个体渔船已从机帆船、大型机帆船发展到钢质渔船;马力由近 200 匹、250 匹、400 匹,增加到 600 匹,已经到了日趋衰退的渔业资源无法承受的程度。

东海区渔政渔港监督管理部门认为,为了确保冬汛带鱼高产,要切实制止违规渔船在 9—10 月捕捞幼带鱼,同时,强化陆上市场管理,从严处罚从事幼带鱼买卖的单位和个人。国家也应尽快出台《渔船法》,严格造船许可证制度,以控制马力的增加,减轻捕捞强度。(记者朱瑞华)

(原载《解放日报》1997 年 3 月 11 日第 02 版)

连续五天采写五篇问题报道

每年 3 月 22 日是"世界水日",按惯例,上海市水利部门会有一两个动作,新闻单位据此发一两篇报道就行了,这样,跑条线的记者也很轻松。《解放日报》作为上海的重要主流媒体,每年的"世界水日"报道在上海媒体中担当着重要角色。本着要为《解放日报》争光的理念,好胜心强的我,在负责上海水利条线的新闻报道中,在每年"世界水日"的宣传报道上,在本市兄弟报纸间毫无争议地属"领头羊"。

上海需要水,渴望上游来水,改善上海的水环境,造福于城乡人民;上海又怕水,担心汛期上游洪水下泄,危及上海。1991 年夏天的洪涝灾害,上海损失了 11 个亿。水能载舟,亦能覆舟。多年联系水利条线从事水利报道,我深知因水而生的上海,水是关联上海生死的生命线。

1997 年 3 月 20 日,我参加完市水利局"世界水日"宣传报道新闻发布会后,就思考此次"世界水日"的宣传报道如何出奇制胜。当天下午,我稍加考虑列出了五个观察与思考类题目,拟作连续报道。报社分管领导余建华副总编当即同意了我的方案,并要求在"世界水日"的活动期间刊登。

20 日接受报道任务,22 日"世界水日"当天起要连续五天、每天刊发一篇文稿,采访的准备工作仅仅只有一天的时间,这真是自找苦吃啊!当记者的都知道,这是几乎不可能完成的任务啊！因为单一事件的新闻报道比较容易写,观察与思考类稿件比较难写,不但要提出问题,还需要解决问题的办法,中间要解决每篇文稿采访对象的锁定、背景资料的搜集,因此投入采写的时间比较多。此外,在报社夜班编辑部内还有这样一条不成文的行规:凡是连续报道,记者如能确保每晚有一篇稿件发夜班,无特殊情况,就能保证报道连续刊登,否则断断续续刊登,成不了连续报道,其影响力也大打折扣。

为荣誉而战。我这个曾经当过兵的人,对自己来了个"总动员",起早摸黑,连续作战,白天多地采访,晚上在报社办公室,凭借平时对水利建设资料的丰富积累,逼自己当天完成一篇稿子,务必在当晚10时前发往夜班编辑部。自此,从3月22日起,连续五天采写五篇文稿,刊发"水与上海经济发展"观察与思考类连续报道:《洪涝仍是心腹大患——水与上海经济发展之一》,刊于《解放日报》1997年3月22日第02版;《唤起全民共治水污染——水与上海经济发展之二》,刊于《解放日报》1997年3月23日第02版;《目标:引长江水济申城——水与上海经济发展之三》,刊于《解放日报》1997年3月24日第02版;《水土流失何时休?——水与上海经济发展之四》,刊于《解放日报》1997年3月25日第02版;《该为水利事业建"造血库"——水与上海经济发展之五》,刊于《解放日报》1997年3月26日第2版。

功夫不负有心人。"水与上海经济发展"五篇观察与思考类连续报道在《解放日报》重要版面刊发后好评如潮,获得市"世界水日"宣传报道特等奖。

特别值得一提的是,在"水与上海经济发展"五篇连续报道的第三篇《目标:引长江水济申城——水与上海经济发展》中,专家们提出的在长江口建青草沙水库的对策建议,是从根本上解决上海居民饮用水源的问题。《解放日报》是上海的媒体中首次报道了专家们"引长江水济申城"对策建议的一家,在全社会引起了强烈反响,也引起了市政府决策部门的重视。

上海原有两大水源地,其中黄浦江上游水源地占70%,长江口的陈行水库占30%。但随着城市发展和生活水平提高,黄浦江上游可供水量有限,且受到上游和沿岸污染的影响,水质相对较差且具有不稳定性,黄浦江上游水源已部分不符合饮用水取水标准。而陈行水库避咸蓄淡水库库容偏小,抗咸能力低下,供水规模已不能满足城市社会经济需要。根据上海市总体规划,2020年合格原水缺口将达到每天600万立方米,原水供应量存在较大缺口。

上海对青草沙水域进行研究实测表明,青草沙水域是上海水质最好的水源地。2005年12月,《青草沙水源地原水工程研究成果报告》通过评审;2006年1月,工程被正式列入上海"十一五"规划;2007年6月,总投资170亿元的青草沙水库开工,水库面积近70平方公里,设计有效库容4.35亿立方米;2010年12月起,陆续投入试运行,2011年6月,全面投入运行。

青草沙水库是我国目前(2012年)最大的江心水库,最大有效库容达5.53亿立方米,设计有效库容为4.35亿立方米。其拥有总长43公里的大堤,圈围近70平方公里的水面,相当于10个杭州西湖。引长江水济申城。青草沙水库供水范围为杨浦、虹口等上海10个行政区全部区域及宝山、普陀等5个行政区部分地区,受益人口超过1 000万人,其规模占上海全市原水供应总规模的50%以上。

• 例文链接 •

洪涝仍是心腹大患

——水与上海经济发展之一

上海因水而生,因水而兴,得益于其濒江临海的地理条件。但是,"水能载舟,亦能覆舟",如今的上海,洪涝仍是心腹之患。

去年8月初,气象预报8号台风有可能在上海登陆,全市上下严阵以待。虽然台风最后没有在上海登陆,但黄浦公园水文站水位已达到5.19米,与外白渡桥桥面基本持平。市防汛指挥部的领导对此心有余悸:"如果台风在上海登陆,后果难以设想。"

进入90年代,太湖夏季水位连年超过警戒线。1991年,上海顾全大局开通太浦河,加快了太湖泄洪,但对上海而言,太湖洪水"穿肠过肚",水位增高,原有的防洪工程设施已不相适应,尤其是市郊西南部的青浦、松江、金山、奉贤等低洼地区更为吃紧。目前,这些地区的防洪除涝配套工程刚开始起步,黄浦江干流段防洪工程尚未上马,今年防汛形势不容乐观。

与此同时,由于地下水的过度利用,90年代以来上海市区地面正以每年10.5毫米的速度沉降,导致防汛墙不断加高,并造成城区地下管网断裂,排污、排水不畅,雨后积水严重。而全球的温室效应,又使上海处于太平洋海平面上升的区域。1981年9月1日汛期,黄浦公园水文站测出最高水位达5.22米,高出市区地面2米左右,倘若没有防汛墙阻挡,将淹没外滩的一个楼层。

高潮位、暴雨侵袭也令上海人头痛。1991年8、9月两场暴雨,仅保险公司就理赔1.4亿多元。1993年夏季暴雨,市郊菜田大面积积水,菜价上涨。如遇汛期高潮位、台风、暴雨及上游洪水暴发"四碰头",水患威胁更不可设想。

抗洪防灾任重道远。从建设国际化大都市宏伟目标出发,上海需要建立高标准的防洪安全体系,尤其要进行在黄浦江河口建开敞式挡潮闸的预可行性研究,从根本上将风、暴、潮拒浦江之外。这几年上海水的问题年年被列入市委、市政府实事工程项目,经过努力,防洪设施年年增强,这是一个很好的开端。

(记者朱瑞华)

(原载《解放日报》1997年3月22日第02版)

唤起全民共治水污染

——水与上海经济发展之二

本月中旬,松江县泗泾镇秦万安等人发现,从自来水管中流出来的水有臭味,无奈只能吃井水。水厂对此也有苦衷:由于河道水体受到污染,加上冬春内河水位偏低,受潮水顶托后,污水囤积不散,加剧了水质污染。淀浦河闸管所接到水厂求援报告后,正在紧急采用工程调度的方法置换水体,净化内河水质。

实际上,不仅松江三个水厂告急,闵行几个水厂的水质也在下降。据悉,淀浦河以北地表水几乎不能饮用。去年,浦东地区受咸潮顶托,污水滞留,虽经水厂技术处理,但自来水仍有异味。类似问题,可以说各区、县不同程度都有。

尤为令人注意的是,继60年代初苏州河严重黑臭后,黄浦江一些河段的水也开始出现黑臭,1978年为100天,1992年以来突破了300天。到了枯水季节,黄浦江上游来水减少,受潮水顶托,苏州河污水上溯至青浦,有时候甚至上溯到松浦大桥及米市渡一带。

造成水质污染的"祸首"是水环境的恶化。首先是生活和工业污水的污染。全市近9 000个排污点,年排水总量约19亿立方米,市区每天产生各类污水500万立方米,约有三分之一的污水未经处理直接排入江河。其次是河道淤塞,河水流速减慢。目前市区80多条骨干河道河床标高普遍上升到1.5—2.5米,局部地段淤高达3—4米。市郊乡村现有的5 000公里河道,每年自然淤积的土方达700万立方米。此外,养殖业萎缩,大量水花生、水葫芦等水生植物无人清理腐烂沉积,加上农村城市化过程中部分地区乱填乱占河道,造成"吐污纳新"蓄调水功能下降,恶化了水环境。

改善上海的水环境,已经刻不容缓。历届市委、市政府都很重视这件事关城市生存发展的大事,规模宏大的污水合流治理工程和浦江上游引水工程都已在"八五"期间兴建,并已初战告捷,取得了很好的效益。市区河道整治近几年已经起步,苏州河的综合整治也已启动。专家们提出,要进一步唤起全民的"资源意识"和"环境意识",形成全社会关心水、保护水、节约水的社会风尚,同时有关部门要加强总体规划,加快对河道的综合整治,切实改善各地区的水环境。(记者朱瑞华)

(原载《解放日报》1997年3月23日第02版)

目标:引长江水济申城

——水与上海经济发展之三

上海人既怕水多,又怕水少。除了汛期怕"水临城下"、下暴雨大雨时怕住宅进水外,平时最担忧的是自来水的水质问题。

新闻线索从哪里来？——与青年记者聊新闻采写

上海人的"怕"是有道理的。时下，上海面临饮用水的挑战。

大自然的恩赐，使上海淡水资源年平均总量为595.6亿立方米，以1994年人口数计算，人均拥有水资源量4 586.8立方米，为全国人均占有量的1.7倍。上海三路地表水总量为593.5亿立方米，分布比例为：下雨产生的径流18.6亿立方米，占3.1%，上游太湖流域来水100.2亿立方米，占16.9%，下游长江口进潮水量高达474.7亿立方米，占80%。目前，上海用水主要依赖黄浦江上游的太湖来水以及上海境内的下雨径流水，总量只有20%。即使这些占总量20%的水源，其水质也令人担忧。1992年以来黄浦江一些河段水黑臭天数突破300天，迫使上海耗巨资将取水口一再上移。但为黄浦江上游提供水源的太湖、淀山湖的水质又如何？据去年底通过评审的"淀山湖水质监测和富营养化对策研究"课题报告称，由于太湖出现富营养化，作为沪上唯一的天然净水源地的上海水域明珠——淀山湖也受"株连"，加上其本身的污染，铜绿微囊藻、水华微囊藻、鱼腥藻等大量生长，除冬季外，水质标准基本上以三类为主，营养程度从中、富营养演变为富营养。若遇枯水期，咸潮、污水向黄浦江上游上溯，必将进一步影响本市在黄浦江的十多个水厂取水。近两年来上海人纷纷购买"纯水""超纯水""太空水""活性水""反渗透水"等桶装水，也反映了市民对饮用水水质的担忧。

太湖污染殃及下游淀山湖，淀山湖的污染又造成下游上海"母亲河"的"感冒"。鉴于黄浦江上游邻省工农业发展产生的污水不受本市控制，上海从黄浦江上游远距离取水仍存在着水质不能保证的问题。根据预测，到2000年本市日需水量为810万立方米，即使在建的黄浦江上游引水二期工程及陈行水库扩建后，日总供水也仅为700万立方米。要在"九五"期间使本市供、用水量达到平衡，并为下世纪上海的发展创造条件，专家们提出,上海要加快开辟长江口青草沙新水源地的研究和开发,引长江水济申城,以解决上海中远期水源问题。青草沙水源地位于长兴岛西北端,与长兴岛一泓相隔,可围垦成面积为15.7平方公里的平原天然大水库,建成后近期总库容达1.14亿立方米,远期可达3亿立方米,日供水量可达760—800万立方米,基本可满足2030年前上海全市的用水需求。(记者朱瑞华)

(原载《解放日报》1997年3月24日第02版)

水土流失何时休?

——水与上海经济发展之四

上海的水土会流失吗?市水利部门昨天透露:"上海自80年代以来已'流失'土地1.5万亩左右,相当于一个中等乡镇的可耕地面积。"有例为证:当你泛舟淀山湖时,会冷不丁被湖中的一根根东斜西至的水泥桩所"挡驾"。这一根根距岸50米之外的水中桩杆,就是三十多年前淀山湖堤岸桩板式混合结构护坡的"残骸"。它是潮水和船舶航行波长年累月冲刷堤岸护坡的"杰作",也是上海水土流失的历史"见证人"。

上海属于平原地区,其水土是怎样流失的?缘由有四:一是上海地区的河流大都受潮涨潮落影响,加上台风、暴雨、潮水、下雨地表水流的冲刷等自然因素,导致水土流失;二是随着城乡经济的快速发展,水上交通频繁,大马力船舶增加,产生的航行波冲击堤岸,造成河、湖岸塌方;三是一些单位和个人在海塘、堤防和滩涂上乱垦乱种或毁堤取土烧砖,以及任意向河道倾倒垃圾、违章堆物,导致海塘、圩堤损坏,或河道淤塞迫使洪水走廊改道，冲刷河堤造成坍塌；四是市郊建设中，一些地方圈围的土地平整后堤岸设施跟不上，遂使暴雨时泥沙俱下。

上海地区水土流失呈渐变性，日积月累式的流失往往为人们忽视。有关资料显示，仅市、区、县通航河道中严重坍塌的岸线就有865公里，占28.9%，一般坍塌的岸线有904公里，占30.2%。仅航道堤岸坍塌，80年代以来每年损失土地1300多亩，造成郊区2578公里河道60%左右淤浅达0.5—1米，既影响了水的"吐故纳新"，又影响了内河航运。

上海流失的沃土，是高产稳产的粮田，这对人均耕地面积只有0.34亩的上海而言是十分宝贵的。由于城乡经济的发展，本市的耕地每年仍以5万亩的速度在减少，而目前上海可供高滩围垦的滩涂很少，低滩围垦成本很高，且新围垦的土地需要有个熟化的过程。为此，水土保持需要引起全社会的高度重视，要像爱护自己的母亲那样爱护土地。有关专家认为，要建立主管水土保持机构，落实投资经费，建立法规体系和执法队伍，使水土保持工作纳入规范化、法制化的轨道。（记者朱瑞华）

（原载《解放日报》1997年3月25日第02版）

该为水利事业建"造血库"

——水与上海经济发展之五

细心的人们不难发现，近几年实施的真如港、杨树浦港、新泾港等市区河道整治工程，在宣传报道时都冠以"应急"两字。何为"应急"？一是"应"河道淤浅黑臭，影响防洪和周围环境之"急"；二是国家财力有限，只能先治表救急，等以后有钱再综合治理。由于建设资金的短缺,水利工程推迟上马或先治"表"后治"根"的救急项目全市为数不少。

历届市委、市政府十分重视对水利这个基础产业的投入。"八五"期间,本市投入32亿元,比"七五"期间增加20多亿元,今年的投入力度更大,仅海塘达标工程、西部地区防洪除涝配套工程就分别投入上亿元。但由于历史欠"账"太多,现有的城乡水利设施大部分仍不相适应,一些防洪工程尚未完工。如:208公里市区黄浦江防汛墙工程有一半未达到千年一遇标准,464公里一线海塘有50%未达到五十年一遇加11级台风侵袭的标准,安全系数低。

最近,国家将上海列为重点防洪的城市,但由于各方面建设任务很重,国家财政一下子拿不出那么多钱办水利,而一些水利工程又等着要上马,其出路何在?一些经济界人士提出,除了国家财政投入外,迫切需要全社会筹措资金兴办水利,为水利事业建"造血库"。各行各业也有责任为"造血库"输血。比如:所建水利工程的直接受益单位,对公益性的水利工程应该拿点钱出来;对既有公益性又有经济收益的大型水利工程,如在通航要道上兴建水闸、船闸工程和水库等,可鼓励企业集团参股投资,按比例分成。一旦"造血库"形成良性的"造血"机制,上海的水利建设事业也就走上了发展的快车道!(记者朱瑞华)

(原载《解放日报》1997年3月26日第02版)

一家郊县企业缘何二上大报头版头条

20世纪90年代末,大部分企业感到产品销路不畅,产品积压,企业经营困难。上海航星机械(集团)有限公司前身是奉贤县一家修造船厂,修造船业的萎缩,导致企业在1987年净资产只有93万元,销售额仅230万元,濒临资不抵债的境地。1988年春节前夕,企业在市场调研中发现,几年来穿西装的人多了,但城里干洗店少,人们经常为干洗西装排队。一个念头在总裁江弘脑中闪现:"西装热"中蕴藏着无限商机。经过研究,企业决策层果断决定,将企业改名为"航星",转产干洗机。产品投放市场后果然火爆,以后每年以翻番的速度递增,1998年,"航星"的干洗机年产量突破4 000台。之后,"航星"从"宾馆热"中找商机、从"市场网"中捕商机、从"未来市场"看商机,年销售量占全国市场60%以上,"航星"干洗设备销量连续四年夺全国第一,成为行业老大。

"航星"发展壮大之路引起了当时奉贤县政府领导的高度重视,时任县经济委员会主任黄祖光找到我,要我在《解放日报》上宣传报道上海航星集团,并向我介绍了"航星"认真分析市场、研究市场、积极抢占市场的事迹。一是县里领导有要求,二是"航星"的确有故事可写,于是,我采访了"航星"总裁江弘后,挥笔撰写了《商机在市场——上海航星集团迅速崛起探秘》一稿,编辑部领导还加了编者按,于1998年4月20日《解放日报》头版头条位置刊发,引起了企业界不小的震动和经济界的关注。"航星"能迅速崛起雄辩地说明,只要时时做有心人,敢于去寻找商机、捕捉商机、开发商机,市场的大门永远敞开着,只要勇于参与市场竞争,就不存在没有市场的产品,只有没有竞争力的产品。

进入2000年,我国即将加入WTO,企业如何积极应对?记者在跟踪采访中欣喜发现,"航星"总裁江弘已经为加入WTO未雨绸缪,耗巨资引进了国际先进设备,还同步引进了全套计算机辅助设计(CAD)和最新的Pro-E三维立体设计软件。为追求产品最优化,"航星"与美国、德国、意大利等国的著名大公司进行广泛技术合作,组建了技术开发中心,创新提升"航星"产品档次。开发了二氧化碳干洗机,体现了世界干洗设备发展方向。"航星"以此产品打头阵,阔步走进欧美市场,聘用外国人才开拓市场,敢于拿出最先进产品向国际名牌叫板,产品形成由国内市场走向国际市场、两个市场一起开拓的模式,拥有可与国际名牌较量的领衔产品,并逐步打入国际市场,成为世界上最大的干洗机生产商之一,具备了在世界洗涤界一争高下的能力。

为应对我国加入WTO,"航星"用"中国功夫"积极应对"西洋拳击",同场竞技。记者敏锐地感到,"航星"一系列应对"入世"之举,可以打开中国企业的思路。我们的企业要学会在更高层次与外商合作,要敢于到国际市场去发展,有条件的企业要敢于进入国际市场的制高点。在深入采访后,《看"航星"怎样走出去——上海航星集团拓展欧美市场纪》一稿及编者按,于2000年11月5日《解放日报》头版头条刊发,在全国引起强烈反响,不少企业纷纷请"航星"总裁江弘介绍经验。一家郊县企业两年内竟然能两次上《解放日报》头版头条,还被加上编者按,这在上海企业界实属罕见。

上述两篇重头稿子,均在《解放日报》副总编余建华同志重视下形成的,充分体现了《解放日报》经济报道的特色。

新闻线索从哪里来?——与青年记者聊新闻采写

• 例文链接 •

商 机 在 市 场

——上海航星集团迅速崛起探秘

[编者按] 上海航星集团坚持在市场中找商机,给我们很大的启发。现在许多人都在说机会难找,生意难做,经营难搞。在告别短缺经济后,市场上东西多了,给我们的生产经营带来一定困难,这是事实,但不是说就此而不能有所作为。"航星"的经验告诉我们,只要时时做有心人,敢于去寻找商机、捕捉商机、开发商机,同样能闯出一片天地来。市场的大门永远敞开着,我们希望更多的企业能像"航星"那样认真分析市场,研究市场,积极去抢占市场。

世界最著名的洗涤机械生产商——意大利 FIRBIMATC 公司的总裁到上海航星集团考察,并对该集团总裁江弘说:"我们公司年产 2 800 台干洗机,你们多少?"

"目前我们'航星'年产干洗机 4 000 多台。"江弘平静地回答。

"噢,你们第一,我们第二。"外方总裁连连说。

"西装热"中见商机

上海航星机械(集团)有限公司前身是奉贤县一家修造船厂,修造船业的萎缩,导致企业在 1987 年净资产只有 93 万元,销售额仅 230 万元,濒临资不抵债的境地。1988 年春节前夕,企业在市场调研中发现,几年来穿西装的人多了,但城里干洗店少,人们经常为干洗西装排队。一个念头在总裁江弘脑中闪现:"西装热"中蕴藏着无限商机。经过研究,企业决策层果断决定,将企业改名为"航星",转产干洗机。产品投放市场果然火爆,当年销售58台,以后每年以翻番的速度递增,去年,"航星"的干洗机年产量突破4 000台,年销售量占全国市场60%以上,成为世界上最大的干洗机生产商之一。

"市场网"中捕商机

"航星"清楚地看到,产品特别需要市场这个载体。因此,"航星"在市场开拓上力求最大化。他们确立了"在涉及行业内居领先地位"的经营规划,拟定了"市场占有率第一"的发展战略,组建了企业销售信息中心,并在全国30个省、市、自治区建立了销售信息网络,派出200多名销售员常驻全国各地。同时,他们精心制定营销策略,千方百计扩大产品的市场占有率。1996年,他们出资400万元取得辽宁足球队冠名权,使"航星"名声大震,产品独步东北市场,年销售额迅速从1 000万元猛增到6 000万元。据统计,"航星"干洗设备销量连续4年夺全国第一,并逐步打入国际市场。

"宾馆热"中找商机

"航星"每年耗资2 000万元在全国建设销售和信息网络,既是拓展市场的"桥头堡",又是捕捉信息的"情报站"。正是利用这些信息网络,他们发现,由于旅游业的发展,各地的宾馆越来越多,发展宾馆的相关、相近产品,是一个方向。1994年,他们根据宾馆饭店紧缺高档工业水洗设备的情况,立即上马投产,取得良好效益。"航星"开发产品的思路越来越广,熨烫设备、上光剂等产品被一个接一个地开发出来。目前,该公司又在开发生产厨房设备、超市冷藏设备等宾馆的延伸产品,以便顾客"跑一家,不必跑百家"。

"未来市场"中看商机

近几年来继"绿色食品"之后,绿色日用及工业产品开始走俏。"航星"决策层敏锐地看到未来市场的趋向:环保产品将成为新兴产业。为抢占干洗设备的"制高点",他们大力实施产品的超前开发和技术储备,去年8月专门从日本东芝集团的东静电气株式会社引进当今世界领先的环保型干洗机生产技术及自助式系列洗涤设备,目前新一代干洗机已定型,可择时投放市场。此外,他们还与美国休斯公司合作,开发了用空气中二氧化碳为"洗涤溶剂"的"绿色干洗机"。

"高新技术"中抢商机

"航星"在国内迅速崛起,敢与世界一流洗涤设备制造商一争高下,关键是他们坚持产品最优化。"航星"在1992年就组建中外合资企业,与美国、德国、意大利等国的著名公司进行广泛合作,汲取国外先进的技术和工艺,促使自己的产品不断升级换代。如今,"航星"已拥有系列干洗设备、水洗设备、熨烫设备、燃油燃气锅炉设备、化工洗涤调理剂等五大系列产品。十年来,企业的净资产、销售额分别增加163.3倍和156.5倍。

"市场的大门永远敞开着,只要勇于参与市场竞争,就不存在没有市场的产品,只有没有竞争力的产品。""航星"人如是说。(记者朱瑞华)

(原载《解放日报》1998年4月20日第01版头条)

第一篇　上顶天下立地　大新闻不稀奇

看"航星"怎样走出去

——上海航星集团拓展欧美市场纪

[**编者按**] 我国即将加入WTO,企业如何积极应对?今日本报刊登《看"航星"怎样走出去》,可以打开大家的思路。"航星"的三"敢"无疑是三个制高点,对许多企业来说,目前尚难企及,但是从长远看我们必须如此,才能在国际市场的激烈竞争中处于主动。诚然,"航星"能够登上这个制高点,与合资的外方在开拓国际市场上形成共识有关,由国内市场走向国际市场,两个市场一起开拓的合作模式,看来是很有效的。"入世"以后,两个市场连成一片,我们的企业要学会在更高层次与外商合作,要敢于到国际市场去发展,有条件的企业要敢于攀登国际市场的制高点。

德国法兰克福,前些日子举办的"2000年国际洗涤展览会"上,刮起了一股"中国航星"风。

几位国外订货商来到"航星"展位前。销售人员迎上去没说上几句话,就被对方打断了。订货商手指着宣传牌上的"Sail Star"("航星"英文名字)连连说,我们现在想要了解中国"航星"制造的产品。

"航星"牌二氧化碳干洗机在现场作演示,经销商、洗涤专家们通过机器的观察窗竞相观看,只见衣物上下翻滚,富含二氧化碳的雾珠缓缓飘落。以二氧化碳作为"洗涤溶剂",洗涤完毕后,可在空气中自然挥发,污染接近零。外国客商们为此叹服,称赞这种"绿色干洗机"体现了世界干洗设备的发展方向。客商纷纷光顾"航星"展位,在场十多位技术人员来不及接待,只好请外方董事长郑力行亲自出马。

敢于走进欧美市场

中外合资的上海航星机械(集团)有限公司,十多年来通过"市场占有率第一"的发展战略,使干洗机和工业洗涤设备连年占有全国市场近60%的份额,并成为世界上生产规模和销量最大的洗涤设备制造商之一。

我国加入WTO后企业面对的严峻挑战,使"航星"的决策层寝食难安。本市许多品牌产品热销时固守上海,最终丢失全国市场的教训,更使他们引以为戒。欧美发达国家是国际名牌洗涤设备制造"王国",只有与"重量级"高手对阵,"航星"才能挺过WTO这一关。为此,董事会果断决策,走出去,走到欧美市场去,与国际品牌产品较量,让世界了解"航星",也让"航星"了解世界。"入世"后,只有确立在国际市场的地位,才有可能继续保住"航星"在国内市场的"龙头"地位。为此,从1997年起,"航星"连续四届参加国际洗涤展览会,展品均被经销商预订一空。

两年来,"航星"精心组建了国际贸易部、国际合作部,招聘了一批懂英语懂技术的涉外专业人才。同时,"航星"积极发挥合资外方在海外人才与信息上的优势。

1998年,"航星"斥资500万美元,收购了意大利小有名气的林达士洗涤设备公司(LINDUS),组建了"航星"意大利公司,将意大利LINDUS品牌归于"航星"麾下。同年,"航星"又在美国夏洛特工业区投资500万美元,购买了2 000平方米厂房,组建了"航星"美国公司,作为"航星"在美国的销售中心、中转站、维修中心和国内技术工人赴美培训基地。迄今,"航星"已在美国建立了十多个销售网点。"航星"在总部召开首届全球会议,外方董事长郑力行亲自参与"航星"走向国际市场战略目标的制定,总裁江弘作拓展国际市场的报告,并拟定了到 2005 年"航星"占领全球 30% 干洗设备市场的奋斗目标。

去年,"航星"的一流干洗设备,以散装件的形式首次出口意大利,由"航星"意大利公司组装后在欧洲闪亮登场,迈出了挺进欧美市场的第一步。去年 10 月,16 台 F 系列水洗机出口日本,《日本洗涤报》在头版头条报道"中国·航星 SAIL STAR 日本上陆"。今年 4 月,"航星"36 台 P 系列干洗机、F 系列水洗机,以整机的形式挺进美国市场。据统计,今年头八个月,"航星"系列洗涤设备出口欧美、日本市场达 200 多台,销售额 400 多万美元,预计全年销售额可望达到 600 万美元。世界上干洗设备行业的"龙头老大"——意大利某公司,觉察到"卧榻之旁已有他人酣睡"的威胁,于是急急指令其产品在美国市场上降价销售。

敢于聘用外国人才开拓市场

在欧美国家设立海外公司,在国际名牌洗涤设备"王国"里建立"据点",办张执照,这对"航星"来说不难,难的是其员工是从国内总部派遣,还是本土化招聘。"航星"决策层对此进行了缜密的分析研究。目前,"航星"总部还缺乏足以在国外担当涉外营销的人才,应该采用外国公司在华办企业招聘中国雇员做法,聘请并重用外国人才开拓市场。

"航星"美国公司和意大利公司,聘用了 30 多名意大利、美国、德国的本国人才为"航星"打工,先后重金聘请国际名牌洗涤设备"王国"里的高级管理经营人才,并委以要职,总经理均由外国人担任。国际洗涤界知名专家金威格,两年前被"航星"聘用,从事出口干洗产品的设计,卓有成效。他说:"我之所以到'航星'工作,是因为我感到,'航星'是一个技术创新型企业,发展前景十分光明。"去年,这位外国专家又被董事会委以"航星"副总裁的高职。德国某公司是欧洲著名的洗涤设备制造商,日前,"航星"不惜重金将其总裁"挖"来,拟任"航星"意大利公司总经理的要职。

由外国人主管海外公司,怎么管理?每月有"三张表"电传"航星"总部,"航星"总部通过财务、销售报表和客户对产品质量意见反馈表,进行遥控。去年,"航星"美国公司反馈,产品内在质量一流,但烘漆质量稍逊,决策层立即委托意大利一家公司进行产品的外观设计,并提出"把大型洗涤设备作为家电来制造"的质量理念。

敢于拿出最先进产品向国际名牌叫板

竞争的关键是产品。"航星"与世界上一流洗涤设备制造商一争高下,重要的是产品最优化定位及技术的创新。为此,"航星"耗巨资引进了国际上最先进的设备和全套计算机辅助设计(CAD)和最新的 Pro-E 三维立体设计软件,组建了技术开发中心。为追求产品最优化,航星与美国、德国、意大利等国的著名公司进行广泛技术合作,创新提升"航星"产品档次。研制开发的全封闭系列干洗机、石油干洗机以及享有国家专利的F系列变频式全自动工业洗衣机,其质量达到当今国际同类先进水平。其中,F系列变频式全自动工业洗衣机,选用了美国微软公司的PLC芯片,自行设计了控制系统的工业计算机控制器,采用人机对话方式,用户可根据需要自行编制程序,并设有运行时间报告显示、工作错误报告显示、用户编制程序帮助提示、允许用户对所编程序进行调试和编辑等功能。

环保型洗涤设备是个新课题,谁领先一步谁就将称雄世界洗涤界。1997年初,"航星"拟定方略实施了产品的超前开发。当年,即与日本东芝集团的东静电气株式会社合作,引进世界领先技术及自助式系列洗涤设备,消化后研制出环保型干洗机,近两年已开始投放欧美和日本市场。"航星"还与美国休斯公司开展技术合作,开发了世界上唯一用空气中二氧化碳为"洗涤溶剂"的高尖端"绿色干洗机"。目前,"航星"不仅是这项最为先进的洗涤技术的国际权威,也是全球第一家批量生产二氧化碳干洗机并推向欧美市场的企业。"航星"迄今已拥有与国际名牌较量的领衔产品,具备了在世界洗涤界一争高下的能力。

"航星"第二届全球会议最近在意大利举行。在确立了"航星"新世纪总体经营目标的同时,也为实施"航星""不仅仅是上海的'航星'、中国的'航星',更是世界的'航星'"发展战略,制定了系统完整的发展战略和经营策略。

我国即将加入WTO。

"中国的企业准备好了吗?"

"我们已经准备好了。"——"航星"总裁江弘平静地说。(记者朱瑞华)

(原载《解放日报》2000年11月5日第01版头条)

第二篇

观六路听八方
新闻在你身旁

作者心声：

记者是社会活动家，记者又是杂家，什么都要懂得一点，但可能什么都不"精"。要做到"精"，大概要属专业报的记者了。

眼观六路，耳听八方。用新闻界一句通行的话，当记者的要长两只新闻的"眼睛"，长两只新闻的"耳朵"。新闻的"眼睛"用来观"六路"，新闻的"耳朵"用来听"八方"。此外，当记者还要长一个新闻的"鼻子"，记者好比是出色的"猎犬"，用犀利的眼光，机警的听觉，灵敏的嗅觉，在眼观六路、耳听八方时，对社会上所见所闻之事之物，所听之言，问一个为什么？究竟是怎么一回事？是新近发生的事吗？媒体报道过吗？有社会积极意义吗？从中发现和捕捉新闻线索。记者的职业是全天候的，能观六路听八方，新闻就在你身旁。

天南地北闲谈　斩获惊天信息

20世纪80年代初,我进《解放日报》社在农村部当记者,负责联系农业条线。记得1982年10月的一天,我手头没有急稿子赶写,不到10分钟,便从报社所在地汉口路327号来到外滩的市政府农业委员会,准备与市农委处室的"笔杆子们"聊聊,寻找新闻线索。

在市农委走廊里,巧遇经营处吴海处长,他也是我联系农口的通讯员之一,吴处长睹见我,热情地邀请我到他办公室坐坐,于是我俩就在他的办公室里天南地北地闲谈起来。其时,安徽凤阳农村土地"大包干"搞得红红火火,使原本的"讨饭县"变了样。那时,有人在传沪郊农村也有搞"大包干"的,但当时的上海媒体报道沪郊农村时,从未出现过"大包干"的字眼。

闲谈间,我漫不经心地问了一句:"沪郊农村有没有搞'大包干'的?"因为是老熟人了,吴海处长对我说了实话。他告诉我:"奉贤县江海公社有搞'大包干'的生产队,据说效果显著,但却是以联产到劳进行上报的,因为上海是不准搞'大包干'的……"听到这个信息,我很是惊诧,心想这是件大事啊!职业的敏感驱使我恨不得马上就去采访,探个明白。

于是,我立马赶回报社,向农村部领导吉景峰同志作了汇报。老吉政治觉悟高,新闻敏感性很强。安徽凤阳"大包干",他先后多次去采访,写了多篇大文章,社会反响很大。一听我的汇报,老吉的眼睛一亮,十分赞成我迅速赴奉贤采访。第二天,我心急火燎地赶回了家乡奉贤,与通讯员高克严同志一同前往江海公社采访。公社管委会主任王安石接待了我们,高兴地向我们介绍了跃进大队、树园大队搞了"大包干",昔日缺粮队翻了身的情况。

  我深知,在那个时期写"大包干"的报道,记者是要担政治风险的。正值壮年的我,对记者生涯充满憧憬,只要新闻真实性没问题,其他什么也不怕。为了掌握第一手资料,我深入跃进大队、树园大队实地了解情况。了解到凡是搞了"大包干"的生产队,每家的粮食产量都是由大队、生产队干部与这家社员一起称重的,数量绝对正确,他们保证秋粮亩产的真实性。与此同时,我们还随机向种粮社员核实求证,得出的"大包干"后粮食产量结论,与公社、大队、生产队介绍的相符合,我的心中踏实了。

  "大包干使昔日缺粮队翻了身"的稿件写成后,如何通过奉贤县委的审稿成了一大难题。因为当时的上海市委出台的"三个不准"中,就有不准搞"大包干"这一条。如果直接请县委书记陆嘉书同志在送审稿上签字,显然会让他很为难,怎么办?我心里很是忐忑。突然,我想了个不让县委书记为难的办法。我询问时任县委办公室副主任沈楷明同志:"县委办公室是否有公章?"(我知道县委办公室有公章的,我是明知故问)陆嘉书同志说:"这个稿子还要盖公章?"我说:"这是报社的规定……"陆嘉书同志思索了一下,便在送审稿上写下了这样一段话:"此稿经陆嘉书同志看过,发表与否,由报社酌定。"然后,县委办公室副主任沈楷明同志在送审稿上盖了县委办公室的公章。陆嘉书书记的这段话,又让县委办公室副主任沈楷明同志盖了县委办公室的公章,说明稿子内容真实,是否刊登当然由报社领导决定。

  市委有"三个不准"规定,此稿能否在《解放日报》发表又是一个大问题。农村部的领导吉景峰同志对这篇上海新闻界的独家新闻十分重视,他将稿件送报社党委书记、总编辑王维同志审阅。王维同志是位办报的老前辈,有丰富的驾驭政治局面的能力。他认为农村搞"大包干"符合党中央精神。深思熟虑后,他指示老吉直接将稿件发夜班编辑部。我们知道王老总的苦心:市委机关报《解放日报》刊登"大包干"的稿件,有悖市委"三个不准"规定,如果市委领导要查究责任,他出面作检讨,可以保护编辑和记者;要是由他直接签发,一旦市委领导要查究责任,政治风险很大。

《"大包干"使昔日缺粮队翻了身——奉贤江海公社三个生产队试行一年初见成效》的稿件发夜班编辑部后不久,就在1982年11月15日《解放日报》第二版中间位置刊登了。稿件不放一版,位置在第二版中间,作为一般稿件处理,但标题在二版中字体最大,处理得突出、醒目。报道刊登后在当时的上海农村激起了强烈反响。我想,时任夜班副总编辑陆炳麟、夜班编辑部主任金福安(金福安后任新民晚报社党委书记、总编辑,陆炳麟、金福安两位前辈均已去世),第二版责任编辑俞远明(后任《解放日报》副总编辑、《新闻报》总编辑)他们,为处理编排此稿动足了脑筋,也担了政治风险。

"大包干"的稿件刊登后没多久,事情来了个180度转变。一天,市农委宣传科的一位同志兴奋地打电话给我说:"朱记者,告诉你一个好消息,陈市长(陈宗烈时任市委常委、副市长,分管农村工作)从北京打电话过来,说市委'三不准'已成为历史,上海农村'大包干'不是好搞不好搞的问题,而是如何搞好的问题……"1982年12月中旬,上海市委召开党员干部会议,市委常委、副市长陈宗烈在会长宣布,上海取消"三不准"规定。

听到这个消息,我由惊诧变为欣喜。心想,要是"三不准"已成为历史的这个消息早点来,那么"大包干"这篇沪上独家新闻,可能要上《解放日报》头版头条了!

  事后,我从市农委了解到,市委取消"三不准"的原委。据说,当年陈宗烈副市长在北京参加全国中央农村工作会议期间,他向党中央汇报上海农村能不能搞"大包干"…… 中央主要负责同志则说,上海也可以搞"大包干"嘛……我个人的体会,正是中央农村工作会议作出的实行农村土地经营承包责任制的历史性决定,才使上海废除了沪郊农村不准搞"大包干"的"三不准"规定。

• 例文链接 •

"大包干"使昔日缺粮队翻了身

奉贤江海公社三个生产队试行一年初见成效

记者从有关部门获悉：三年两头完不成国家征购任务，甚至靠挖储备粮装门面的奉贤县江海公社跃进十队、树园二队和树园十三队，去年三秋试行"大包干"后，今年早稻一季超额完成国家征购任务，结束了近几年来欠产靠挖储备粮维持局面的状况。

日前，江海公社主任王安石眉开眼笑地告诉我们，"大包干"给江海公社的一些生产队带来了生机。去年三秋前夕，跃进十队、树园二队、树园十三队，按社员群众的要求搞起了"大包干"。划田承包的当天，有的社员从当晚一直干到第二天凌晨；一些女社员早上出工带了小囡拿了饭，铁搭、沟铲、粪箕挑了一大担。大忙之中，上调"天兵天将"（在国营、社队企业工作的亲属好友），下调"虾兵蟹将"（家中少男小女），挤出休息时间，一齐上阵助战，三秋进度快，质量好，待全大队完成收种任务时，跃进十队已对二麦施上了一层黑油油的河塘泥。

搞了"大包干"责任制，农民恢复了对土地的感情。去年三秋时，这三个生产队，油菜秧从浜滩头种到岸头边、水渠旁；昔日的茅塘翻了身，贫瘠地上长出了好庄稼。前几年"大锅饭"，人心离农，粗耕粗种，农田缺少有机肥，只能靠"田粉飘飘，氨水浇浇"，增了农本，坏了土壤，减了产量。"大包干"后，农民首先想的是怎样养田。家家户户罱河泥，畦畦庄稼浇河泥。除此之外，还纷纷外出购买有机肥料：跃进十队，一个冬春，社员借农船到县城买粪2 000多担,大年初一,一户社员夫妻俩摇了一条8吨大船买粪150担。树园二队、十三队有的社员买了大粪后,由清洁所的粪车直送田头,不少社员还纷纷向大队养猪场、公社奶牛场购买有机肥料。

"田是黄金板,人勤地不懒。"今年夏粮登场,跃进大队减产8万斤,搞"大包干"的跃进十队在夏粮实种面积比去年少4亩多的情况下,总产仍增了380斤,二麦亩产397斤,油菜籽亩产415斤,双双跃居大队第一位。今年早稻全大队普遍减产,但十队减产幅度要小得多,亩产仍获大队第二名。这个队1979年、1980年没有完成国家征购任务,今年22 700多斤征购任务,早稻一季就交售了27 900多斤(超售5 200多斤)。目前,社员们还为3 000多斤麦粮放在仓库里无法处理而发愁。十队的干部们说,如果后季稻亩产平均能够收到650斤,加上上半年的余粮,社员将近有半年的余粮(不包括3 000多斤蚕豆、黄豆、大青豆、羊眼豆和芝麻、绿豆、赤豆)。社员邹克其,一家五口人,忙时种好承包田,一年腾出三四个月从事理发、卖棒冰、卖苗鸡苗鸭、养肉用鸡、种辣椒出售、割芦苇变卖,预计全年种田、副业、劳务收入可以超过3 000元。树园二队,社员平均每年缺粮两个月,大包干使昔日的缺粮队翻了身。今年早稻收割后,不但超额完成了全年国家征购任务,而且社员手中有了1万多斤余粮,到现在,全队还有一半左右的社员家里的早稻谷基本上还没有动过。原来生产基础较好的树园十三队,近几年完不成征购任务,去年就把储备粮挖光了。"大包干"后,生产回升,今年早稻上场后就完成了征购任务。"大包干"责任制还解决了农民多年来缺柴的问题。在跃进十队,往年不少社员缺柴烧,包干后,社员勤翻晒,损失浪费少,全队平均余柴两个月,自家烧不完,上半年还出售给造纸厂100多担。

江海公社的同志说:"发达地区有不发达的地方,高产地区也有低产穷队,各队情况不同,责任制形式应当有别。我们公社三个生产队搞'大包干',是在学习考察了浙江慈溪、江苏宜兴、安徽凤阳后,根据干部社员的要求才试行的,这是群众实践的结果。"(记者朱瑞华 通讯员高克严)

(原载《解放日报》1982年11月15日第02版)

朋友之间一次聚餐
"吃"出远洋渔业报道

  20世纪80年代，东黄海的黄鱼、鲳鱼、带鱼、墨鱼四大经济海产资源衰减，船员形容时常拖网上来的带鱼像"面条"，鲳鱼像"铜板"，不能食用，只能作饲料。副食品尤其海产品的短缺，影响了市民们的"菜篮子"，对此，市民们颇有微词。

  1984年6月底的一天，市海洋渔业公司的几位老朋友邀我一起聚餐。推杯换盏之中，朋友们侃侃而谈，各自述说着本部门的趣事。席间，有一位朋友随口说了句：渔业公司有一对船去太平洋捉鱼，过几天要回上海了……我这人"酒仓间"小，不胜酒力，最多只有二三两白酒的量，所以在酒席上脑子始终很清醒。直觉告诉我，这是一条重要信息，用新闻界同行的话说，这是一条"大鱼"！

  第二天，我即去市海洋渔业公司采访，了解到由国家海洋渔业调查船"东方号"率领、"沪渔八〇一""沪渔八〇二"拖网渔船组成的本市远洋渔业探捕船队，在太平洋海域圆满完成了试验性探捕任务，将于7月2日凌晨抵达市海洋渔业公司基地——复兴岛渔业公司码头。这是上海大型国有企业渔业跳出东黄海、面向太平洋的创新之举，也是我国海洋渔业史上的一次可喜尝试。

  上海市海洋渔业公司长年累月在公海捕捞作业，是一家半军事化性质企业,公司的生产指挥室是严禁外人进入的。为增加新闻报道的现场感,经努力争取,最终得到公司领导同意,7月2日下午,我被特批进入市海洋渔业公司生产指挥室,允许用对讲机与正在返航途中的指挥船——"沪渔八〇一"的船长呼叫并连线采访。当天,我即写成了一篇市民关注度很高的独家新闻《上海捕鱼船队远征太平洋海域》。

稿子写成后我激动的心情久久不能平静。花了很大的精力,好不容易采写了如此重大的独家新闻,一定要向社会发布,但稿件必须要经过市水产局局长审核才行,能否通过审稿,我心中忐忑不安。于是我千方百计地打听到市水产局局长束昭生的家庭地址。我记得很清楚,那是个周末的下午,天气酷热难忍,当我满头大汗十分冒昧地出现在束局长家门口时,穿着背心、手摇蒲扇在家纳凉的束局长,对我的突然造访大吃一惊。束局长是个工作谨慎、处事低调的人。我怕审稿通不过,事先做足了"功课",就从目前市政府正在大力实施"菜篮子工程",市水产局积极响应市政府号召,在近海渔业资源衰减的情况下,为摆脱市民饭桌上产品短缺的困境,跳出东黄海、向太平洋要鱼的新举措条理分明地向束局长仔细述说……我的一番推心置腹的说辞,说动了束局长对此稿签发。

7月3日,当上海人民广播电台早新闻广播:"据《解放日报》报道'上海捕鱼船队远征太平洋海域'……"的消息后,我知道这条新闻的分量了。当天一早,我来到报社拿来报纸急急阅看,果然,《上海捕鱼船队远征太平洋海域》一稿,在当天《解放日报》头版重要位置刊登,强势处理,标题十分醒目。《解放日报》的报道填补了上海媒体在远洋渔业报道上的空白。自此之后,《解放日报》有关上海远洋渔业的报道几乎成了本市新闻界的独家报道,我也成为远洋渔业报道的"专业户"。

1985年，上海组建了远洋渔业公司，后又改制为上海远洋渔业有限公司，是集渔、工、贸、劳、运于一体的国有大型远洋渔业捕捞企业。经过35年的发展与探索，迄今已成功实施"走出去"发展战略，大力发展以远洋渔业为主力业态的外向型渔业经济，加快开发利用公海渔业资源，提高我国远洋渔业竞争力，为实现我国成为世界远洋渔业强国再立新功。

• 例文链接 •

上海捕鱼船队远征太平洋海域

跳出东黄海,进行试验性探捕获可喜成果
"东方号""沪渔八〇一""沪渔八〇二"今抵沪

跳出东黄海,面向太平洋。本市远洋渔业试验性探捕获可喜成果。由海洋渔业调查船"东方号"率领、"沪渔八〇一""沪渔八〇二"拖网船组成的本市远洋渔业探捕船队,在太平洋海域圆满完成了试验性探捕任务后将于今日抵沪。这是我国海洋渔业史上的一次可喜尝试。

前天中午 12 时,记者在复兴岛市海洋渔业公司生产指挥室,通过无线电超短波对讲机,与返航途中、距上海以东 145 海里(约 270 公里)的远洋渔业探捕船队中的"沪渔八〇一"取得了联系,进行了无线电对话采访:"沪渔八〇一!公司呼叫,请你们谈谈首次远洋探捕的收获。"

"公司!八〇一听到!"八〇一船长高兴地告诉记者,这次远洋渔业试验性探捕,开阔了视野,锻炼了队伍。在此次探捕过程中,对航海、捕捞技术和海鲜的加工诸方面作了综合性的试验,达到了预期的目的。另外,在近十天的试验性捕捞作业中捕获了一定数量的明太鱼、鲱鱼,其中少量已加工成鱼丸、鱼片和鱼糜等 11 个品种的方便食品。

昨天,市水产局远洋渔业领导小组负责同志在接受记者采访时说:"长期以来,海洋渔业生产"龟缩近海、远洋空白"。近几年来,东海、黄海的黄鱼、带鱼等主要经济鱼类资源衰减,形势要求我们必须尽快开拓海洋渔业生产的新路子,即力争跳出东黄海、面向太平洋。水产局已将开拓远洋渔业列入近期水产工作的重点和'七五'规划,在市有关部门的大力支持下,正在积极筹建本市远洋渔业船队。"

本市远洋渔业试验性探捕船队,自6月6日起航后驶离东黄海,到太平洋海域进行了试验性探捕,单次航程1 350余海里(约2 500公里)。

市海洋渔业公司、东海水产研究所、市水产学院、市鱼品加工厂等单位的生产工人、科研人员,联合参加了由市水产局组织的这次远洋渔业试验性探捕船队。(记者朱瑞华)

(原载《解放日报》1984年7月3日第01版)

船上初次相逢　聊出整版文章

深秋时节，奉贤沿海的渔民又忙碌起来，开始做驾船出海捕捞作业的准备。这使我想起了32年前的往事。1989年4月28日，《解放日报》第7版以整版的篇幅，刊登了我撰写的专稿《愧对子孙的浩劫——1989年"鳗苗大战"纪实》。

记忆的闸门一经打开，往事历历在目。那是1989年3月初，农业部东海渔业指挥部指挥会议在浙江省舟山市举行。会议由农业部东海渔业指挥部、农业部东海渔政局主持（对外是两块牌子，对内是一套班子，日常工作由农业部东海渔政局主持）。届时，上海、浙江、江苏、福建等省市及地、县（市）级水产、渔政部门领导与会，研究部署一年一度的东海区海洋渔业捕捞生产工作。

凭借对水产行业的熟悉，加之特殊的人脉关系，作为《解放日报》记者的我，经常独家开挖东海区海洋渔业捕捞生产领域的新闻"金矿"，久而久之，自然成了水产系统的"红人"，理所当然成为新闻界特邀代表与会。

那个年代，交通没有时下发达，去舟山开会大都要坐轮船。那天下午，我从上海外滩十六铺码头坐轮船前往舟山。说来也巧，我的舱位床铺与江苏省南通市辖下县（市）水产、渔政局的局长们在一起。虽然是初次相逢，但在同一个船舱就寝、去参加同一个会议，各方自报家门后，相互之间很快就熟悉了，于是海阔天空地闲聊起来。俗话说三句不离本行,聊得最起劲的乃是近期内让他们忙得焦头烂额的鳗苗捕捞生产。

"烟花三月,正值河鳗苗洄游长江之际,国家明令禁止在长江内捕捞河鳗苗,但在金钱暴利的驱使下,上迄江苏射阳,下至吴淞口外,千里江面上捕鳗苗的船只星罗棋布、帆樯如林。他们中有经验丰富的渔民,有近水楼台的船工,有扔了锄杆的农民,也有揣着病假单的小青工……"南通市县水产局帅姓局长如是说。

记者的职业敏感告诉我,发生在长江口的"鳗苗大战",可能孕育着一篇大文章。为捕捉这一难得的题材,我请他们详细讲述"鳗苗大战"的故事:

"二月中旬一天的下午,张家港市东北西界港通沙汽车渡口,1公里长的江面,'淘金'船只云集。一道道绿色纱网似屏障一样围绕在浩浩江水之中。江水汹涌起伏,小舟颠颠荡荡。入夜,这众多小舟既没有信号灯,又遮蔽了江上的航标灯,长江被'腰斩'。

"千里江面万船云集,'淘金'者约10万之众,渔政监管部门只有几条小小巡逻艇。力量对比如此悬殊,管得了东,管不了西,抓了这船,跑了那船,港监望江兴叹。南通港告急!张家港告急!天生港告急!通沙渡口告急!江阴水道告急!福南水道告急!吴淞口告急!……SOS!长江在呼唤……"惊心动魄的故事,轮船上同舱室的人竟一夜无眠!

回到上海后,我又先后去东海渔业指挥部、东海区和上海水产、渔政监管部门采访,掌握了不少生动素材。同时,也采访了权威部门关于加强鳗苗捕捞、收购等方面管理的意见和建议。回到报社后赶写了"鳗苗大战"的长篇通讯——"愧对子孙的浩劫"的专稿。这真是萍水相逢闲聊,聊出了整版文章。

1989年"鳗苗大战"纪实的专稿发表后,如一石激起千层浪。时任国务院分管相关工作的副总理作了指示,农业部就加强鳗苗捕捞、收购等方面发了红头文件,有关省市也出台了相应的管理措施,遏阻了"鳗苗大战"的爆发。

新闻线索从哪里来?——与青年记者聊新闻采写

• 例文链接 •

愧对子孙的浩劫

——1989年"鳗苗大战"纪实

一衣带水的日本人特爱吃河鳗。中国老百姓一直不谙扶桑国中事,近年来对外开放,知道河鳗出口能卖好价钱。一时间趋者如云,鱼贩大肆出动,抬价抢购;渔船千舟竞发,狂捕滥捉。

河鳗一时身价百倍。一条头发丝大小的鳗苗竟能卖3元人民币,价格几同于黄金!

烟花三月,正值河鳗苗洄游长江之际,恭候它们的是千万张疏而不漏的网。

中国的河鳗资源正濒临断子绝孙的险境。

东海告急,长江告急。保护资源!拯救鳗苗!从中央到地方,禁令接着禁令。然而,"捕鳗苗淘金"的狂潮却是年甚一年,愈演愈烈……

金钱的疯狂

晨日初上,南通、张家港江段,波光闪闪。涨潮了,原先蛰伏在浅滩上的各种捕鳗苗船只,此时迅即涌向附近江面,有木船、水泥船、帆船,还有柴油桶、塑料桶、汽车轮胎……舟楫纵横,远远望去,江面上黑压压一片……

南通孙老大兄弟三人驾一叶扁舟,在万船丛中一路领先。老二把舵,老三张网,老大自己则两眼直勾勾地盯住前方江面……

三年前,孙氏三兄弟在长江中捕刀鱼,听人说捕河鳗苗可发大财,遂改换行当加入"淘金者"的行列。三年,仅用 270 天,三幢小洋楼矗起,一条新船下水。今年不到两个月,7 万元收入已把钱包撑得鼓鼓囊囊!

金钱的诱惑,逗得"旱鸭子"也蠢蠢欲动。

今年刚过而立之年的王小毛,原在苏北一家乡办小厂当搬运工,月薪 50 余元。今春的一天去邻村亲戚家串门,所见所闻,"淘金"的欲火烧得这位"旱鸭子"坐立不安。是日,他从农机站拽了个拖拉机旧轮胎,搭上婆娘陪嫁过来的一只木盆,自个儿在屋前的小河里"试航",第二天即加入了"淘金者"的行列。江面上一头死猪漂来了王小毛的好运。在咒骂和急红了眼的嘈杂声中,王小毛眼疾手快抢在众人头里网到了上面叮咬着上千条鳗苗的死猪。一夜间他就成了"万元户"!首战告捷,王小毛初涉江水时战栗的模样荡然无存。"旱鸭子"面对同伴的戏谑,坦然道:生死在天……

据一家报纸报道:一位船老大,春节刚过就偕妻携儿入江"淘金",那天风急浪高,小船不慎倾覆,全家被倒扣在船底。熟谙水性的船老大跃出水面,又拼力救出奄奄一息的妻儿。害怕了?第二天,死里逃生的船老大一家人又义无反顾地摇橹下江……去年,江苏省有上百人为捕鳗苗命丧江海。今春以来,虽无大风侵袭,仅南通市就有 20 余人溺水身亡。

国家明令禁止在长江内捕捞河鳗苗,但在金钱暴利的驱使下,他们连死都不怕,何以法惧之?!上迄江苏射阳,下至吴淞口外,千里江面上捕鳗苗船只星罗棋布、帆樯如林。他们中有经验丰富的渔民,有近水楼台的船工,有扔了锄杆的农民,也有揣着病假单的小青工,瞪着土黄色的江水,眼睛红得都快出血——

鳗!鳗!鳗!

钱!钱!钱!

新闻线索从哪里来?——与青年记者聊新闻采写

恨不能竭泽而渔,巴不得一网打尽!!

"鳗特区"掠影

苏北某县,一辆黑色的"皇冠"牌小轿车在茫茫夜色中悄然驶入一处偏僻的渔村。听到三声低沉车笛,暗中窜出几条黑汉,簇拥着数位"南方客"闪进路旁的渔舍。一番讨价还价后,拍板成交。昏暗的灯光下,手持钢皮卷尺的当地佬在测量一捆捆"大团结"的身高。数分钟后,几瓶内盛河鳗苗的液化气钢瓶被麻利地装上了"南方客"的车,小车便在夜幕中消逝得无影无踪……

一位不知高低的"南方客",今年初来乍到,便横冲直撞。一个月黑风高的晚上,稀里糊涂吃一顿棍棒,他清醒了。卧榻之旁,岂容他人酣睡。"南方客"划地为界,此一帮,彼一伙,势力范围内有他们各自的"51号兵站"。

元旦之后,坐飞机、火车、轮船、轿车、摩托车来的"南方客",操着生硬的国语,提着沉甸甸的旅行袋,以一厚沓"大团结"开路,"团结"了当地一些干部和群众,进入"避风港",找到"安乐窝"。他们可以放心地将成捆"大团结"当作被褥,铺在床上安然睡去,自有人为之放哨站岗,甚至有人甘愿租妻让床。

上级渔政机构的"特工"曾乔装前去"南方客""兵站"探情,归来后百思不得其解:为何当地人保护"南方客",赛过《沙家浜》里的阿庆嫂?

这些都是真实的故事。

自1985年春开始,上级执法人员前往苏北某县执行禁捕公务,没想到当地人看到戴大檐帽、穿制服的人,饭不让吃,电话不准打。三年中,不是镶嵌着国徽的大檐帽被掀落在地,就是人员被打伤。而不法分子和"南方客"们则受到当地人无微不至的关怀,他们可以在邮局无所顾忌地与遥控的"大老板"通话。通报鳗苗行情,商谈交易价格。发生在今年2月18日的一场"遭遇战",更是让人莫名惊诧。上级执法部门的18名精兵强将,展开了一次"闪电行动"。几名鳗苗贩子被就地擒获,鳗苗和现金被当场扣留。突然间,执法人员竟遭致数百人围攻,混乱中贩子被放跑,鳗苗和现金被抢走……

人们为此纳闷,这里难道是"敌占区"不成?

贩鳗苗的大老板坐镇大城市宾馆遥控指挥,二老板、三老板、四老板们等分别在中小城市把关。鳗苗,成"绝密情报"按联络图由专人运送。即使一站出差错,亦不至于一网打尽。

为逃避沿途检查,鳗苗贩子在当地人的通力协作下化整为零,将鳗苗分别装入充有氧气和水的塑料袋,分散携带。或藏子女"交通员"的胸部、腹部衣服内,或装入羽绒衫、手提包、旅行包、空油箱、备用轮胎中……万一不慎"失风",也可免遭"全军覆灭"之灾。

"有钱能使鬼推磨",鳗苗贩子为了过关,不惜花钱雇"死人",前面花圈簇拥,哀乐齐鸣,后面送葬队伍一群,哭声阵阵;或救护车中吊盐水瓶,医生监护着危重"病人",一路风驰电掣过关走卡。

尤其令人吃惊的是,鳗苗贩子已由单帮发展到团伙,有周密的计划,严密的组织,配备了对讲机、匕首、三节钢鞭、电警棍,动用了警车、军车、囚车、飞机、远洋轮。什么"鳗苗麻醉运输法"、什么"声东击西障眼法",手段日趋完善,气焰越发嚣张……

SOS！船长呼救

今年3月某日。南通港。黎明前的黑暗。

此时,一艘"东方红"大客轮正溯江而上。

怎么了,主航道内的灯浮不见闪烁?伫立在驾驶室,手持望

新闻线索从哪里来？——与青年记者聊新闻采写

远镜的船长为之一颤。

蓦地，驾驶室内雷达屏幕上显示前方出现无数黑点……

船首探照灯亮了，但见茫茫江面，点点小舟挤挤挨挨、密密匝匝，30米距离内就有一条捕鳗苗船，江面被交叉拦成数10条"封锁线"。航道灯浮已成了"淘金者"们船只的现成缆桩。

"淘金"的狂潮，淹没了客轮阵阵汽笛。前进不能，后退无路，大客轮陷入了铁壁重围。

强行通航，大船碰小船，犹如顽石击卵。伤人覆舟，有理说不清。

船期！船长的职责。硬的不行，软的怎样？船长接通了高音喇叭的开关。"农民伯伯，请给我们一条出路吧……"

近于乞求的呼喊，随着江风飘落……

浩浩长江难行舟，急红了眼的船长向港监发出呼救：SOS！

2月中旬的一个下午，张家港市东北西界港通沙汽车渡口，1公里长的江面，"淘金"船只云集。一道道绿色纱网似屏障一样围绕在浩浩江水之中。江水汹涌起伏，小舟颠颠荡荡。入夜，这多小舟既没有信号灯，又遮蔽了江上的航标灯，长江被"腰斩"。

港监望江兴叹。千里江面万船云集，"淘金者"约10万之众，他们只有几条小小巡逻艇。力量对比如此悬殊，管得了东，管不了西，抓了这船，跑了那船。仅1月15日至2月12日，九艘中外客货轮因无法航行被迫抛锚。国家重点工程的华能南通电厂，也因卸煤船队不能靠泊面临停产。

南通港告急！张家港告急！天生港告急！通沙渡口告急！江阴水道告急！福南水道告急！吴淞口告急！……

SOS！长江在呼唤。

紧急查禁、强行疏航，亮出了法规、条例、红头文件、加急电报……从江苏省、上海市以及下属的各级政府、人大及水产、渔政部门发出的各种文告,不少于"十二道金牌"!

省长、市长、县长带队,水产、渔政、公安、工商、港监出动,队伍浩浩荡荡……

管用吗?一俟"王师班朝","淘金者"故态复萌,长江航道又是"肠梗阻"。

急电传到国家农业部。接农业部渔政局电令,正在东海执行任务的中国渔政22号于3月6日挥师巡航长江。

扣船、罚款、没收……

长江内没有专职的渔政管理船,"光杆司令"岂能与"淘金者"的"千军万马"匹敌?你罚你的,我"淘"我的。今天被罚,明日再来。奈何?

巡航在长江。中国渔政22号左冲右突,螺旋桨在混浊的江水中犁出条条"S"形疲惫不堪的尾纹……

大战何时方能休?

捉来的河鳗苗都到哪里去了?

有捉鱼的必有收鱼的。从南方来的鱼贩子以高出国家收购价几倍的重金相诱,通过他们的"地下航站",鳗苗源源外流,从而实现了"国际大循环"。

鳗鲡,简称鳗或白鳝,在江河里成长的又叫河鳗。其貌不扬,但鳗肉细嫩鲜美,含有丰富的脂肪。日本人之所以爱吃河鳗,是因为据说其有抗病疗疾之功效。80年代每年的食用量由70年代的3万吨猛增到8万吨,但日本只能自产3万吨,而我国的鳗苗资源却举世瞩目。

与河蟹一般,我国中央政府和地方政府及主管部门对这一珍贵的水产资源,采取保护措施,我国渔业法规定,沿海河鳗苗实行持证限额捕捞。

沿长江的省、市也作出了有关规定。

去年,江苏省政府第24号文件重申"严禁捕捞进入江、河水域的鳗苗"。今年2月15日省政府又发出关于加强鳗苗资源及管理的通知。

上海市人民政府也连续两年作出了有关规定。

但为何屡禁不止?水产、渔政部门官员认为,由于价格失控,现今河鳗苗成了"水中黄金"。今年国家收购鳗苗"公价"1公斤9000元(为最高限价),但实际"公价"收购中的最高限价已被大大突破。江苏有的地方1公斤跃至1.4万元,浙江平湖县1公斤高达1.5万元。而1984年1公斤鳗苗只有300多元,6年中涨了几十倍!至于"私价",1公斤鳗苗,今年开始为1.8万元,2月底至3月初,最高黑市价已"跳"到2万多元,为历史最高价格的2倍。

来自国际市场的行情,1吨成鳗价值约1.1万美元,1公斤鳗苗养殖后即可产出1吨成鳗。因而,从中国大陆收购河鳗苗,无疑是一笔诱人的买卖。

于是,除了正当的鳗苗贸易外,大量的黑市"国际贸易"在公海上进行:一条鳗苗换一包"万宝路"香烟。一包"万宝路"在内地将又是什么"身价"?

俗话说"魔高一尺,道高一丈"。在"公价"与"私价"的收购竞争中,"公价"提价后不到一个小时,"私价"便迅即上浮。于是,反常的现象出现了:国家收购站点门可罗雀,私下交易却人头攒动。巨额的价差,致使大量优质苗种(白籽苗)源源不断地流入了"南方客"们的"51号兵站"。

一则数据也许颇能说明问题。

去年,江苏省总计捕捞鳗苗约15吨,其中国家出口鳗苗约7吨,占总量的二分之一还不到。今年国家收购鳗苗状况又是如何？历来是捕捞鳗苗重点区的江苏省沿海东台县,今年一个半月内,国家只收购到7.5公斤鳗苗。水产部门估计总捕捞量已达200公斤,当地群众则说有1吨多。尽管官方与民间众说纷纭,但鳗苗被倒卖、贩运、走私却众口一词。

长江、内河鳗苗,年年查禁,年年捕捞。且愈演愈烈,一浪高过一浪。难道是无章可循？否！症结是执法不严。日本、加拿大、苏联、美国等国十分重视对珍贵资源的保护。美国规定,即使捕获一只带卵梭子蟹,务必令其放回,否则处以重罚。在苏联,违禁捕捉一条大马哈鱼,将被罚款75卢布。今年4月初,一条中国渔船在日本海域只捉了10公斤最普通的沙丁鱼,因违反日本有关渔业法规,船长当即被日方逮捕。与之相比,我们这个更习惯于"人治"的国度,法律往往成了"橡皮筋",可宽可松,可长可短,执法的随意性代替了法律的严肃性,以行政处罚代替了法律的制裁。上万船只"断"航道,10万之众"战长江","南方客"欺行霸市,甚至有些地方干部、执法部门推波助澜,从中牟利。临时突击式的罚款、没收显然已经无济于事。

我们自认为地大物博,一觉醒来,按人口计,方知地窄物薄。鳗苗出口,比出卖鳗苗初级资源换汇率高4—5倍。"先养殖后出口",中央钦定的方略,为何收效甚微？全国现有7 000多亩成鳗养殖池塘,据说有相当部分池塘朝天。

江苏省去年成鳗出口1 489吨,居全国首位。全省拥有60多万平方米的养鳗池,今年全省计划自用鳗苗8 740公斤,其中供应苏南2 675公斤。因"南方客"哄抬价格,鳗苗流入"第二渠道",致使"产苗大国"计划内养殖用苗出现危机。苏南大部分养鳗场无苗可收,盐城65家养鳗企业只进池600多公斤,而实际需要4 000多公斤。其中两家最大的养鳗企业,3万平方米鳗池,到3月26日止,仅得到公安局送来的8公斤缉私苗。行家统计，全省数以亿计的鳗场资产大半将要闲置。

全国"一盘棋"喊了多少年。闽、粤等地缺鳗苗，江苏捕捞量占了全国一半。可是一道"篱笆"挡住了，各省创汇承包基数怎么算？

水产部门呼吁：从扶持国内养鳗业出发，鳗苗出口要不要加税？成鳗出口能不能免税？供鳗苗省能否相应缩减创汇承包基数？

"鳗苗大战"，今年已接近尾声，明年是否烽烟再起？结论尚为过早。不过想到连年不绝的"蚕桑大战""棉花大战""化肥大战"，令人不寒而栗。

长江中的鲥鱼，由于人们狂捕酷渔，目前几乎绝迹。它和河鳗一样的珍贵。

人活着需要钱，但人更需要做人的尊严。我们不能愧对祖宗，我们不能造孽子孙！（记者朱瑞华）

（原载《解放日报》1989年4月28日第07版）

晚报一则简明新闻
启发记者巡天采访

当年,作为《解放日报》负责太浦河工程报道的记者,除了常规报道外,总是绞尽脑汁要挖掘独家新闻,以彰显《解放日报》在本市新闻界的独特地位。1991年12月3日下午,我无意中睹见《新民晚报》上的一条20余字的简讯:乘"蜜蜂3号"小飞机在太浦河工地上撒传单。阅毕,我心中突然有了异常的感觉。

真是天赐良机!报社派我报道太浦河工程,该写的我都写了,新闻源几乎挖完,可谓江郎才尽。小飞机在太浦河工地撒传单一事,富有新意。记者的新闻敏感立即在我脑海中形成一幅场景:上天去写一篇现场感强的新闻特写,题目借用伟大领袖毛主席当年送瘟神血吸虫的"坐地行程八万里,巡天遥看一千河"诗词,新闻特写题目拟为《巡天遥看太浦河》。当晚,我立即向报社值夜班的陆炳麟副总编、夜班编辑部金福安主任作了汇报,谈了我的设想:争取太浦河工程总指挥黄富荣同志特批,让"蜜蜂3号"小飞机专为《解放日报》记者飞一次。老陆和老金十分赞同我的设想,并建议让我带一名摄影记者同行,新闻特写配大幅照片,第二天发《解放日报》头版。

可是,老陆和老金对此有点担心,让"蜜蜂3号"小飞机专为

新闻线索从哪里来？——与青年记者聊新闻采写

《解放日报》两位记者在太浦河工地上空飞一次，这样的"出格"要求，太浦河工程黄富荣总指挥会同意吗？对此，我的直觉有七分的把握。因为黄富荣同志是中共上海市农村党委副书记、市农委副主任，我又是联系农口的记者，我们比较熟悉，加上我代表《解放日报》负责太浦河工程的报道，黄总指挥又特别看重《解放日报》对太浦河工程的报道。联系起黄总指挥的专用指挥车经常为我所用，方便我每天下午从青浦莲塘回汉口路《解放日报》发稿，我想应该没问题。第二天，我向黄总指挥说了我想法，他满口答应，并爽朗地说："只要《解放日报》需要，不要说飞一次，飞几次都可以……"

"蜜蜂3号"水上飞机，是由上海航空运动学校上海科普事业中心提供的，重量轻，包括飞行员在内只能坐三个人。坐这种水上飞机危险不？我虽然心里有点紧张，但为了采写独家特写新闻，豁出去了，有事没事，三个人同生死共命运……

12月4日下午3时40分，我与报社摄影记者张蔚飞乘坐"蜜蜂3号"水上飞机，在钱盛荡水面上起飞后，一会儿便扶摇直上百米高空……第二天，《巡天遥看太浦河》610来个字的新闻特写配大幅照片，破例在《解放日报》头版重要位置围框刊登，十分醒目，夺人眼珠。《巡天遥看太浦河》这篇报道太浦河工程的特写羡煞了参与太浦河工程报道的兄弟新闻单位的记者。在当天编前会上，此稿被评为红旗稿。晚报一条20余字简讯，最后能够成为一条可看性强的新闻特写稿，且刊登在《解放日报》金贵的头版重要位置并围框处理，实属罕见。此稿的成功，得益于记者的新闻"鼻子"、新闻"眼睛"，新闻记者要对社会上的所见所闻多问一个为什么？多探究一下是怎么一回事？有社会积极意义吗？从中发现和捕捉新闻线索。

• 例文链接 •

巡天遥看太浦河

昨日,青浦县莲盛乡上空天气晴朗,彩云轻飘;钱盛荡河水清澈,波平似镜;太浦河两岸工地一片繁忙景象。

下午3时40分,记者乘坐上海航空运动学校上海科普事业中心提供的"蜜蜂3号"水上飞机,在钱盛荡水面上起飞后,一会儿便扶摇直上百米高空。

"蜜蜂3号"身姿矫健,顷刻间即拨正航向,沿钱盛荡南岸,太浦河工地的奉贤县开河大军的施工区,由西向东巡航飞行。在敞篷式的"蜜蜂3号"坐舱内,记者侧身鸟瞰,但见郊县工地上彩旗飘舞,人头攒动,铲土的,担泥的,人来人往,开河筑堤的民工黑压压的一片。在市经委等市大口的施工地段,挖掘机伸出巨臂不断地挖土,推土机将泥土堆成座座"小山",自卸式载重卡车满载着泥土穿梭于工地河场,显示了"机械化部队"会战太浦河的威力。

"蜜蜂3号"又作超低空盘旋飞行,离地面约50米高,太浦河工地两岸景象更是清晰可见。那方的、圆的、长形的临时棚舍和"蒙古包",是民工和部队的"工地别墅",那依岸而泊的水泥船只,被称为"水上营寨"……记者从附近的标记物上还可辨识松江县修筑的样板堤段以及宝钢五冶、武警部队等单位修筑的大堤。昔日九曲十八弯的老太浦河,正在按照人的意愿整治拉直,太浦河两岸大堤近一半已初具雏形。

5分钟后,"蜜蜂3号"返航。在飞抵钱盛荡水面时,工地上两幅"水利建设,造福当代,惠及子孙""城乡一体,军民团结,共

新闻线索从哪里来？——与青年记者聊新闻采写

同治水"的横幅标语，在阳光下显得分外夺目。

呵！火热的太浦河工地！（记者朱瑞华 朱桂林）

（原载《解放日报》1991年12月5日第01版）

兄弟报社领导会上一句话
写成本报头版头条大文章

20世纪90年代初,从奉贤前往市中心城区,主要靠一条人车合流的二车道公路,中途还要经西渡口摆渡,一般行车时间约2—3个小时。若遇雾天停航,往往半天也进不了市中心。由于道路交通不畅,严重制约了奉贤经济和社会的发展。

90年代后期,可以说是奉贤对外宣传力度最大的几年。这里不能不提时任县委常委、县委宣传部部长张根舟同志,他对外宣工作的重视在上海新闻界是出了名的。张根舟同志担任县委宣传部部长之后,首创了奉贤上海新闻界恳谈会。1998年7月初,奉贤县委宣传部召开上海新闻界恳谈会,上海三大报均由分管副总编携一名条线记者参加(《解放日报》余建华副总编、《文汇报》茅廉涛副总编、《新民晚报》李森华副总编),我是作为联系奉贤报道的条线记者与会的。

恳谈会上,时任奉贤县建设局局长吴桂昌介绍了奉贤路桥建设大发展情况。他说由地方政府筹措资金在黄浦江上建成奉浦大桥后,奉贤往市区的行程时间,由原来的乘车2—3个小时减少至不到60分钟……此时,《新民晚报》副总编辑李森华当即感慨地插了一句话:"那么,奉贤距离市区近了……"

我出生在奉贤,又是《解放日报》联系奉贤报道的记者。那天的新闻界恳谈会上,我正在苦苦思索该如何报道奉贤路桥建设成就时,《新民晚报》李森华副总编"奉贤距离市区近了"的一句话,令我一下子脑洞大开:好啊!反映奉贤路桥建设成就的新闻稿,主标题就用"奉贤距离市区近了",这个标题不但直接点明新闻和主题,而且通俗易懂,真是太贴切了!

第二天,我立即采访了奉贤建设局吴桂昌局长,立马写了篇标题为《奉贤距离市区近了》的稿子。《解放日报》秦绍德总编辑对此稿尤为重视,指示请奉贤立即提供一张往市区方向的彩色交通示意图。秦总编辑要奉贤绘制一张奉贤往市区方向的彩色交通示意图,我暗暗思忖:此稿要上《解放日报》头版头条了,心情很是激动。于是,立即电话打给奉贤建设局吴桂昌局长请他提供。吴桂昌局长吩咐下属的规划局张春华局长(规划局隶属建设局,为二级局),立即绘制了一幅彩色交通示意图,发往《解放日报》编辑部。

1998年7月12日,此稿在《解放日报》头版头条位置刊发,中间配发了一幅彩色交通示意图。此稿的版面处理为:肩题"公路网络九纵六横,血脉畅通近悦远来",主题"奉贤距离市区'近'了",副题"5年前从县城到市中心乘车约两个小时,现在缩短一半时间,全县公路总长度560.2公里,密度每平方公里0.82公里,达到中等发达国家水平"。

《奉贤距离市区"近"了》一稿刊发后,在上海三大报中反响强烈。同样参加一次新闻界恳谈会,《解放日报》发了头版头条,并强势处理,《文汇报》《新民晚报》这两大报对此却没有一个字的新闻,那天与会的兄弟报社条线记者承受了很大的压力,那时,我心中有点过意不去。反过来又一想,虽然我们跑条线的同行间平时相处甚好,但无奈各为其主,新闻界的竞争也是激烈的。

奉贤县委、县政府衷心感谢《解放日报》对奉贤路桥基础设施建设大张旗鼓的报道及对奉贤良好投资环境的宣传。有人说,《解放日报》头版头条新闻为奉贤做了大广告,戏称此报道价值千万……在连续几年奉贤招商会上播放的宣传片中,《解放日报》1998年7月12日头版头条刊发的《奉贤距离市区"近"了》版面,成了宣传片的保留内容,可见奉贤领导对此稿的重视程度了。

《奉贤距离市区"近"了》,上了《解放日报》头版头条,在上海三大报纸中"长"了脸,此报道在当晚报社编前会上被评为红旗稿,总编辑表扬了我,我还得了300元奖金,论功劳全凭记者的"新闻耳朵"啊!

• 例文链接 •

公路网络九纵六横　血脉畅通近悦远来

奉贤距离市区"近"了

5年前从县城到市中心乘车约两个小时,现在缩短一半时间
全县公路总长度560.2公里,密度每平方公里0.82公里,
达到中等发达国家水平

奉贤距离市区近了。日前,记者两次从报社驱车赴奉贤采访,一次过南浦大桥,走沪南公路和叶大公路;一次上市区高架道路,经虹梅南路,过奉浦大桥。从两条途径到奉贤县城,每次行程仅40分钟,比五年前缩短一半多时间。

奉贤成了"近郊",是奉贤的路多了、宽了。五年前,奉贤公路数量少、等级低,从县城进市区主要靠一条人车合流的二车道公路,中途还要经西渡口摆渡,一般行车时间约两个小时。若遇雾天停渡,半天也进不了市区。如今,这个县建成了"九纵六横"公路交通网络,公路总长度560.2公里,通车总里程360公里,分别比五年前增长155.6%和185.6%。全县每平方公里内拥有的公路也由此增加到0.82公里,公路密度达到中等发达国家水平。

奉贤与市中心直线距离并不算远,仅40余公里,但由于过江大桥未造,道路交通不畅,严重制约了全县经济和社会的发展。"若要富,先筑路!"县委、县政府的决策迅速成为全县52万人的自觉行动。县建设局按照市整体规划,高起点地规划了公路建设网络。通过新建和改建,目前全县南北形成了四号线、沪杭、奉新、新四平、郧胡等九大公路主干线;东西也形成了亭大、

叶大、奉柘、南航、西闸等六大公路主"动脉"。此外,奉贤还出资在邻县区边界内筑路,打通了向外延伸的"瓶颈",大大改善了与市区及邻县区的交通。

推行公路建设投资新机制,是奉贤公路面貌迅速改观的重要原因。1995年,奉贤县在奉浦大桥建设取得成功经验的基础上,进一步探索多元化筹措建设资金的新路子,成立了县建设投资有限公司,将公路养路、公路建设附加、公用事业附加、农民进城、基础设施使用、房地产土地开发收入等12项规费由公司统筹,取之于路,用之于路。公司在此基础上再自行筹资、借贷、还贷,从而盘活了公路建设资金。五年里全县公路建设总投入资金19亿元,除市里投入7.75亿元外,其余11.25亿元由公司筹措,从根本上改变了过去"财政拨多少钱,建(修)多少路"的公路建设投资模式。

奉贤县公路建设能够超常规发展,还有一个重要原因,那就是动员全县人民积极参与。如市级公路的四号线、亭大公路等,建设所需的土地、土方、动拆迁、人员安置等费用,由县里消化,市里只承担公路结构工程的费用。同时,这个县的镇级公路建设也按上述思路实行,从而节约了整个工程费用的三分之一。目前,全县20个镇都新建改建了公路,使该县公路建设"九五"规划提前两年实现。

公路面貌的改观,增强了奉贤对外吸引力。目前,500多家外资企业来这里落户,同时市区3 000多户居民到泰日、塘外、西渡等镇买房安家,形成了独特的"阿拉小区"。(记者朱瑞华)

(原载《解放日报》1998年7月12日第01版头条)

一句真假难辨话　觅到一条大新闻

2001年,朱嘉骏时任奉贤县委常委、奉浦工业区长管委员会主任,我与他是多年的好朋友。一次,我与他在电话中闲谈,问他近期奉浦工业区有什么新闻时?他笑着答了一句:我们工业区有喝"氢"不喝"油"的汽车项目,你有兴趣采访吗?"水变油"这样的荒诞无稽的故事,早已不新鲜,听得多了;要是一般人说,我肯定一笑了之,可如今,是从一位县里的领导、又是我的好朋友的嘴里说汽车不喝"油",记者的好奇心驱使我前往探访一番。

汽车喝"氢"不喝"油"的项目负责人胡里清博士是一位"海归"。这位浙江籍年轻科学家,原在加拿大一家国际著名的实验室从事"燃料电池"的研究工作,是位科学研究"狂人",常以实验室为家。发生婚变后,他变卖在国外的别墅、汽车等全部资产,带着女儿回到了祖国。几年中,他跑了许多省市,介绍他研究的汽车喝"氢"不喝"油"的项目。

由于前几年不时有人在国内鼓吹汽车"喝水不喝油"骗人骗钱,造成了恶劣影响,胡博士所到之处,他的汽车喝"氢"不喝"油"的项目不但没人相信,还认为他是个骗子。到处碰壁伤心之余,胡博士买了一周内回加拿大的机票。那个时候,成立不久的奉浦工业区还是一片农田,正在下大力招商引资。朱嘉骏在听了汽车喝"氢"不喝"油"的项目介绍后,半信半疑,是否上这一项目,他答复胡博士一周内听回应。于是,朱嘉骏先后去了胡博士在国内读博士生的中科院上海化工研究所,查阅了有关资料,最终在七天时间果断拍板:上汽车喝"氢"不喝"油"的项目,并给房配车予以全力支持。为此,胡博士退了回加拿大的机票,在奉浦工业区成立了"上海神力科技有限公司"。

记者在采访中了解到,胡博士研发的质子交换膜燃料电池"动力心脏",是一种以氢气为燃料,空气为净化剂,通过化学反应,无须燃烧而将化学能直接转化为电能的发电装置。用通俗的话来说就是"氢能发电机",只要外部源源不断地向其输入氢气,它就能连续不断地发出电来。由于此种"氢能发电机"使用氢气和空气,因此安全性好,达到零污染排放,成了"中国氢动力首号车"的"动力心脏"。

在厂区,记者坐上了胡博士驾驶的"中国氢动力首号车"兜风,心潮澎湃,感慨万千。据介绍,2000年前,世界上只有美国、加拿大等少数发达国家掌握燃料电池这项尖端技术。蒸汽机、内燃机的诞生,是动力系统的第二次革命。以氢和空气为原料的燃料电池,是取之不尽、用之不竭的廉价资源,堪称是第三代动力系统的革命。

采访中胡博士透露,近期他要举行新闻发布会,向国内外发布这一重要信息。如此重大的科技突破信息将要发布,这条新闻一定要抢!于是,我立即向《解放日报》分管领导余建华副总编作了汇报,余总编对我的设想和建议全力支持。于是,我立即赶写新闻稿,在开新闻发布会当天,即2001年2月23日,《解放日报》就在第一版中心位置,配照片围框强化处理,刊发了《上海制成"氢能发电机"》的重磅消息,报道比国内其他媒体早了一天刊登。新闻稿的肩题"萌动第三代动力系统革命",主题"上海制成'氢能发电机'",副题"以氢和空气为原料,安全性好,排放零污染"。报道刊发后在国内外产生了不小的影响,此稿是我精心策划和精心写作的结晶。

燃料电池是国家战略。上海神力科技有限公司胡博士研发的汽车燃料电池项目,连续多年被列入国家"863"项目。2017年9月,《上海市燃料电池汽车发展规划》正式发布,2020年9月,上汽集团发布了中国汽车行业首个"氢战略"。与此同时,长三角氢走廊建设提速。按照规划,长三角氢走廊建设发展将分为三个阶段:

第一阶段为近期发展规划(2019—2021年),立足于长三角现有氢能产业基础,示范推广氢燃料电池汽车。同时,将以上海为龙头的产业先行城市打造成氢走廊的核心点,率先启动建设四条氢高速示范线路。先行城市包括已经确定积极发展氢能与燃料电池汽车产业的上海、苏州、南通、宁波、嘉兴、湖州等。

在氢走廊发展初期,先行城市将结合实际发展专项规划,以燃料电池汽车推广量、示范推广线路的加氢需求为出发点,结合氢气供给情况,优先在公交、物流、出租等领域建设与燃料电池汽车推广阶段性目标相适应的加氢设施。同时发展城际快速路连接站,以上海为重点城市,辐射周边城市,以点带线,形成长三角带状氢能走廊,初步形成氢能高速走廊示范。

第二阶段为中期发展规划(2022—2025年),大力推进燃料电池汽车的应用发展,进一步提升氢能关键技术水平,在重点城市之间推广建设十条以上氢高速公路,拓宽燃料电池汽车运营范围,同时实现氢能产业快速成长,形成具有影响力的氢能产业集群,打造特色鲜明的氢走廊创新发展模式。在氢走廊发展中期,在扩大热点城市规划的同时,结合重点城市氢能燃料电池汽车推广计划,在城市、城际快速路及周边广泛布点。

第三阶段为远期发展规划(2026—2030年),氢走廊要覆盖长三角全部城市和20条以上主要高速公路,形成具有国际影响力的燃料电池汽车应用区域,充分带动全国燃料电池汽车产业的发展,推动未来社会清洁能源和动力转型。按照《上海市燃料电池汽车发展规划》中期目标,到2025年,上海要建成加氢站50座,进一步提升氢能关键技术水平,在重点城市之间推广建设10条以上氢高速公路,拓宽燃料电池汽车运营范围。同时实现氢能产业快速成长,形成具有影响力的氢能产业集群,打造特色鲜明的氢走廊创新发展模式。

此外,据称:云度、爱驰、红旗、上汽大通、长安等车企均已对燃料电池汽车展开布局。长城汽车在2025年有大动作:2021年,将造出全球第四辆真正量产的大功率燃料电池乘用车,落地全球首批100辆49吨氢能重卡;2022年,在冬奥会期间推出首支高端乘用车服务车队;2025年,力图实现氢能市场占有率前三。未来三年内,长城汽车将继续投入超过30亿元的研发费用。我国汽车行业的一系列动作,标志着我国燃料电池汽车发展走上了"快车道"。

新闻线索从哪里来?——与青年记者聊新闻采写

•例文链接•

上海制成"氢能发电机"

以氢和空气为原料,安全性好,排放零污染

真神奇!昨日,记者在奉贤上海市工业综合开发区坐上一辆新型旅游车观光,这辆车用氢气、空气通过化学反应直接转化为电能,排放物为纯净水。这种新能源环保型动力车,起动快捷,行车平稳,转向灵活,使乘客感受到第三代动力系统的一场革命正在上海萌动。

这辆"中国氢动力首号车"的"动力心脏"——质子交换膜燃料电池,是由上海神力科技有限公司提供的。据"神力"公司总经理、燃料电池研制负责人胡里清博士介绍,燃料电池不是普通的充电电池。它是一种以氢气为燃料,空气为净化剂,通过化学反应,无须燃烧而将化学能直接转化为电能的发电装置。用通俗的话来说,就是"氢能发电机",只要外部源源不断地向其输入氢气,它就能连续不断地发出电来。由于此种"氢能发电机"使用氢气和空气,因此安全性好,达到零污染排放。

蒸汽机、内燃机的诞生,是动力系统的第二次革命,它在促进人类文明进步的同时,也消耗了大量不可再生的自然能源资源,并造成环境污染。以氢和空气为原料的燃料电池,是取之不尽、用之不竭的廉价资源。目前世界上只有美国、加拿大等少数国家掌握燃料电池这项尖端技术。我国在这一领域的研究工作,早在20世纪60年代就已起步,但长期徘徊不前。各项技术指标与北美等发达国家相比,差距较大。为早日开发成功我国自己的"氢能发电机",1998年胡里清博士放弃海外优厚的物质待遇,怀着报效祖国、振兴民族工业的赤诚之心,到上海奉浦工业区艰苦创业。国家科技部、中科院、上海市科委给予高度重视,让胡里清承担"30千瓦质子交换膜燃料电池动力系统"这一国家"九五"重点攻关科研项目,奉贤县委、县政府也给予全方位的支持。胡里清等人用了两年多时间,独立开发一批拥有自主知识产权的燃料电池系列产品。

上海市质量技术监督局检测部门对"氢能发电机"中电池模块的各项技术指标进行严格的技术检测,中科院上海文献情报研究中心进行查新检索,结果表明,其技术指标达到"国内领先,国际先进"水平。目前,这一产品被市政府认定为上海市高新科技成果转化项目,胡里清博士被提名为国家"九五"科技攻关先进个人。

专家称,大功率高功率密度质子交换膜燃料电池在能源、环保、造船、汽车、电站、航天、电信等各个领域的广泛应用,前景已见端倪。随着产业化的发展,必定会引发各个相关产业的连锁反应,并创造出许多新兴产业和就业机会。(记者朱瑞华 吴堷林)

(原载《解放日报》2001年2月23日第01版)

第三篇

素材合理"裁剪" 新闻"做活"做足

作者心声：

新闻是新近发生的事实报道，这大概是新闻界普遍认同的说法。记者挖掘好的新闻素材不容易，不能轻易处理了，而是要充分利用好。用新闻界的行话说就是要"一鸡几吃"。一个新闻素材若要写成数篇文章，只有对新闻素材的合理"裁剪"以及对新闻背景资料的巧妙运用，才能形成可读性好、有特色的新闻作品。有的新闻事件本身过于平淡，原本只能在普通版面上发条两三百字的新闻，但在新闻事实不变的前提下，"金点子"策划，对新闻素材合理"裁剪"，善用资料，谋篇布局，新闻生动活泼好看，"乌鸦"就变成"凤凰"。标题是新闻之魂，精心拟制标题十分重要，俗话说："题好一半文。"《当代"贤人"播"星火"》《桥乡变侨乡》就是例证。

"土八路"凭啥两个月成"正规军"

1969年3月8日,我响应祖国召唤应征入伍,成为中国人民解放军的一员。在铁道兵10师47团政治处新闻报道组当报道员的两年时间里,采写了20多篇新闻稿件,刊登在军队和地方的报纸上。1973年春退役回乡,在地方上只能算个业余通讯员,是个"土记者"。1974年年底进入上海水产系统工作,业余时间喜欢为报刊写些小稿子,对新闻单位的"正规军"记者编辑而言,我是属于"土八路"一个。

1982年8月,我作为通讯员,由企业借至《解放日报》报社农村部,部领导吉景峰同志派我赴崇明县采访。我怀揣报社发的临时采访证上了崇明岛。崇明县委办公室的同志介绍说,崇明的农业、水产、水利是全县的三大特色,问我想去哪个局采访。我想:崇明岛是由滚滚下泄的长江沙淤堆积而成的,迄今已经是继台湾岛、海南岛之后的我国第三大岛。据说,如今崇明岛滩涂每年仍在"日长夜大",这对土地资源紧缺的上海显得特别重要呀……这个灵感在脑海中一闪现,我就毫不犹豫,当场决定去崇明县水利局采访。事后证明,我当年的选择十分正确,由此改写了我人生的轨迹。

在崇明岛的采访虽然很辛苦,但挖掘到了丰富的素材。回到报社后我向部领导吉景峰同志作了汇报,用滩涂围垦素材写两篇消息稿,"一鸡二吃"的方案得到了部领导老吉的首肯。第

新闻线索从哪里来？——与青年记者聊新闻采写

一篇是崇明岛《围海造地廿五年 崇明新增半个岛》的文稿。因为崇明岛总面积已经由 25 年前的 608 平方公里，增加到现在的 1 083 平方公里，增加了 65%，等于新增了半个多崇明岛，因此，新闻角度就定为 25 年新增半个崇明岛。王维总编辑看了稿子，当场拍板要求崇明县水利局尽快送一张新增半个岛的示意图来。我连夜电告崇明县水利局，电传新增半个岛示意图至报社。不日，以《围海造地廿五年 崇明新增半个岛》为标题、配新增半个岛示意图的文稿，刊于第 01 版重要位置。

另一篇新闻报道是写团结沙促淤工程的。标题为《崇明团结沙截流大坝合龙 三年后可围垦近十万亩地》，刊于《解放日报》1982 年 8 月 28 日第 01 版头条。王维总编辑要求时任评论部主任的周瑞金同志（周瑞金同志后任《解放日报》党委书记、《人民日报》副总编辑）撰写了《向大海要地的又一战歌》评论并配了示意图及七张照片。当天的编前会上，整组报道被评为红旗稿。那年，我刚借至报社仅两个月，连续两天滩涂围垦新闻上了《解放日报》头版头条的重要位置，且为同一作者所撰稿实属少见。此外，文稿的作者没有署名为记者，据说当日编前会上，与会的报社工交部领导询问作者的来历，因为连续两天，非本报记者在《解放日报》头版刊发两篇重头新闻，在《解放日报》很是罕见，着实让与会的部以上领导们议论了一番。

《解放日报》农村部领导吉景峰同志，看重我这位来自郊区农村的，在部队有新闻工作经历、政治觉悟高、勤奋敬业、吃苦耐劳，能独立采写新闻报道的业余通讯员，认为我适宜当农村部记者，有意让我留下来。他积极向报社党委推荐，引起了报社党委的重视。遵照报社领导批示，报社组织人事处李德生处长和报社农村部领导吉景峰同志，亲自到上海市海洋渔业公司，商量将我借调至报社农村部工作。我在公司的顶头上司姚元龙处长，是位重才惜才又爱才的好领导,他真诚地问前来商量借调的《解放日报》同志:"朱瑞华同志是仅仅借用,还是今后要正式调入报社?如果仅仅是借用,我们这里也需要这样的人,若今后要正式调入报社当记者,为了他的前途,我们同意借用……"报社李德生处长和吉景峰同志回答说:"实习使用一段时间,要正式调入报社当记者的"。

是年,我这个没有大学文凭的"土八路",以通讯员的身份被报社仅仅借用了两个月时间,即直接由企业职工被正式调入报社当记者,这在《解放日报》社内不多见。就我本人而言,实现了我当记者的夙愿,也是我人生的重大转折点。

新闻线索从哪里来?——与青年记者聊新闻采写

• 例文链接 •

围海造地廿五年　崇明新增半个岛

垦区共产粮 20 亿斤产棉 100 万担安置知青 10 万人

到今年 8 月下旬,我国的第三大岛——崇明岛的总面积已经由新中国成立初期的 608 平方公里,增加到 1 083 平方公里,增加了 65%,等于新增了半个多崇明岛。

从 1956 年到 1981 年这 25 年中,全岛围海造地 595 900 亩,占上海新中国成立以来围海造地的 70% 以上。自围垦以来,崇明垦区先后新建了八个市属国营农场、两个军垦农场、一个人民公社和相当于公社建制的绿华农工商联合公司。还有县办良种场、种畜场、林场、养殖场和若干生产大队和生产队的"五小"工业、副业基地。据不完全统计,这些场、社、队共生产粮食 20 多亿斤,皮棉 110 多万担,上市的猪、禽、蛋、鱼等副食品占崇明全县一半以上,还为上海市区安置了数以 10 万计的知识青年。

崇明岛是长江口淤积的最大沙洲。唐代末年始建崇明镇,由于沙洲动荡不定,此露彼落,两百多年中曾五迁县址。由于崇明岛把长江水劈成南北航道,长江每年倾泻的五亿吨泥沙有相当部分在长江口沉淀淤积,使崇明岛有了得天独厚的自然条件,滩涂资源十分丰富。新中国成立以来,特别是农业合作化以后,崇明县把开发崇明岛作为一件大事来抓,常设一位副县长分管这个工作。崇明围海造地主要有五种形式:一是国家投资,现有的市属国营农场基本上是国家投资围垦的。二是县投资、县围垦、县经营,1959 年全县围垦 13 万亩,新建了两个县属农场(后划归市属)。三是国家和集体共同投资,县组织公社围垦 50

200亩,联合经营,成立了绿华农工商联合公司。四是县统一规划,几个公社共同投资、联合围垦,在此基础上组织移民定居,建立人民公社。五是以公社为单位,组织生产大队就近小面积联合围垦,用以发展农、副业生产,往往当年围垦,当年得益。实践经验证明,由县组织公社联营或由公社就近组织生产大队围垦,具有投资小、收效快的优点。如以第四种形式兴办的新村垦区,1973年建立公社,经过几年艰苦奋斗,到1981年棉花和油菜籽的亩产量都跃居全县第一。又如以第五种形式开发的陈家镇公社,1980年围垦后建了副业场,当年盈利2万元,1981年盈利增加到6万元,年终人均分配600余元,比内地务农社员高10%以上。该副业场目前已成为鱼类、蚕豆、刀豆、芦笋、生梨、厚皮西瓜等罐头的原料基地。

崇明县在按计划围垦的同时,还积极地开展保滩护坎、工程促淤,为今后大规模围海造地打下基础。崇明人民憧憬着美好的未来,他们打算明年再围垦25 000亩,到2000年,按计划可再围垦40万亩,全岛的总面积将达到1 200多平方公里。那时候,崇明岛围垦的总面积将达到600多平方公里,等于新中国成立初期的两个崇明岛。(朱瑞华)

(原载《解放日报》1982年8月27日第01版)

本市规模最大的一项人工促淤工程

崇明团结沙截流大坝合龙
三年后可围垦近十万亩地

在崇明岛东部海潮中,一条长2 500米的截流大坝,已于最近完成合龙工程。隐现在浪涛中的团结沙和东旺沙,由此与崇明岛连接了起来。

团结沙截流大坝的合龙,标志着本市一项规模最大的人工促淤工程开始收效。崇明岛与团结沙之间,就如人工布下了一只巨大的"口袋"。凭着海潮和长江水的相互推力,不用舟载楫运,便可日夜不停地给这里送来成千上万吨泥沙。这片近10万亩的海涂水面,经过工程促淤,可以开垦建设成四个中等规模的人民公社。

日前,笔者沐着凉爽的海风,饶有兴趣地登上这条截流大坝。近旁,海草青翠,芦竹茂密;"口袋"中,潮流遇坝折回,泥沙随之留下。负责设计的一位工程师兴致勃勃地说,在团结沙工程的这只"口袋"里,现在平均已经淤涨了3米左右高的泥沙,再过三年,当"口袋"里装满泥沙的时候,就可以围垦了。

团结沙是由长江倾泻的泥沙淤积形成的,50年代末60年代初才裸露出水面,当地渔民称它为"甲鱼沙"。后为纪念海岛军民共同抗击台风防汛救灾,70年代初改名为团结沙。由于海潮侵袭,与团结沙隔水相望的崇明岛白港地区,前几年海堤每年要崩塌近50米,严重威胁着这一地区4 000多亩土地的安全。为保滩护坎,滞流促淤,让团结沙、东旺沙和崇明岛连成一体,为日后围垦创造条件,1979年3月,崇明县在市有关部门的支持下,经过专家教授的悉心指导,几经勘测,拟定了筑坝截流、堵泓促淤的施工方案。

担任施工的技术人员和民工们,利用当地丰富的芦竹资源,结扎柴排沉放坝槽,顶部抛石压实。为了降低成本,两滩的坝身,则用塑料灌土袋和芦柴捆作材料,节省了不少石料。在去年冬季施工的关键阶段,民工们冒着零下七八摄氏度的严寒,赤手拽绳定位沉排,手指被绳索上的冰凌划出一道道口子,仍坚持苦干。在这之前,他们试验梢屏系石截流。就是将几米长的树枝梢,结扎成X形,在交叉处放上石块,沉入水中。水流中有了一道道树梢屏障后,流速减慢,泥沙沉淀得更快。在南京召开的全国海岸带、海涂资源调查,海岸工程和河口海岸泥沙问题学术讨论会上,工程促淤和梢屏截流获得了有关专家教授的好评,认为"梢屏截流是技术上的创新,为今后围海造地工作打开了新路"。

地处长江口的团结沙,地理气候条件十分优越。再有三度春秋的促淤后,这个近10万亩的新陆地开发为新垦区,将成为向上海市区提供大量农副产品的又一新基地。这条由上海市政府拨款400多万元建成的截流大坝,对于开发本市沿海丰富的海涂资源、加快围海造地进程、促进长江主航道的整治,都有重要意义。同时,崇明岛白港地区的坍滩险情也得到解除,每年可节省保滩工程费300多万元。(朱瑞华)

(原载《解放日报》1982年8月28日第01版头条)

展销会信息为何能上大报头版

1986年4月6日,《解放日报》在头版位置刊登了一条新闻,颇为引人注目。其引题为"向全国敞开联合大门",标题为"奉贤举办食品、饮料、纸箱设备大型观摩会"。虽然只是不到500字的新闻消息,在社会上没有什么大的反响,大多数人也不注意,但这条消息却在奉贤引起了不小的反响。

20世纪80年代初,乡镇企业如雨后春笋般崛起。但远郊的奉贤却很难与市区大工业"结亲联姻",因而,乡镇企业与大工业联营公司联营的寥若晨星。为求生存,坚强的奉贤人民以"四千精神"(走千山万水、吃千辛万苦、想千方万计、讲千言万语)全力开拓全国市场,发展工业生产。全县的食品、饮料、纸箱设备形成了规模化、产业化,在全国享有"中小食品、饮料、纸箱设备之乡"的盛誉,并同全国27个省、市、自治区的120多家单位建立了横向经济协作关系。

为了将食品、饮料、纸箱设备打入全国市场,奉贤的数百家企业每年各自在全国各地开产品展销会,人力和运输等成本很高。为节省成本,奉贤县政府领导决定,拟在奉贤县政府所在地南桥镇,举办一次全国"中小食品、饮料、纸箱设备展销会"。因我是《解放日报》联系奉贤的记者,又是奉贤人,县政府办公室的朋友来找我商量,请我帮忙能否在《解放日报》上发篇报道扩大一下奉贤将要举办全国"中小食品、饮料、纸箱设备展销会"的影响,以进一步提高奉贤食品、饮料、纸箱设备产品在上海及全国的知名度……

新闻是新闻,广告是广告,两者属性不同,不能混为一谈。当时,我明确地告诉他们,办产品展销会不是新闻,新闻版面不能刊登广告,广告只能登在报纸上的广告版上,但要支付相应的广告费。那时,奉贤经济实力薄弱,花10多万元在报纸上登幅广告,他们有点心痛。于是,反复央求我想想办法,既不用花钱登广告,又能达到宣传产品之目的……

有思考,会策划,应该是当记者的要素之一吧。于是,我立即给自己来了个"头脑风暴",给奉贤的同志出了一个点子:奉贤有全国"食品、饮料、纸箱设备之乡"的盛誉,向全国敞开联合大门,能否不叫产品展销会,将展销会改称为产品观摩会,"展销"改成"观摩",就成了新闻。这样,一则向全国敞开联合大门,符合市政府提出上海要打"中华牌"的思路,立意高;二则在沪上从来没有提过产品观摩会这种说法,有新闻性,报纸上可能会刊登……

实践证明,我这一"策划"获得了巨大成功。来自全国28个省、市、自治区的上千名企业家云集上海奉贤南桥镇。在为期10天的大型观摩会上,共签订设备输出和技术协作合同逾百份。原本一条产品展销会信息,经过精心"策划",变成产品大型观摩会,成了向全国敞开联合大门,上海打"中华牌"的新闻,搭上了时代的列车。由此,这一新闻消息上了《解放日报》的头版,收到了较好的对外宣传、扩大产品知名度的效果。

新闻线索从哪里来？——与青年记者聊新闻采写

• 例文链接 •

向全国敞开联合大门

奉贤举办食品、饮料、纸箱设备大型观摩会

市场经济发达的上海奉贤县加快编织横向经济网络。来自全国二十八个省、市、自治区的上千名企业家日前云集南桥镇，共商沿海和内地之间发展横向经济联系事宜。为期十天的食品、饮料、纸箱设备大型观摩会自本月1日开幕以来，已签订设备输出和技术协作合同逾百份。

享有全国"中小食品、饮料、纸箱设备之乡"盛誉的奉贤县，近年来，本着互惠互利的原则，以设备投资、技术联营、技术服务、技贸结合、提供配方等形式，同全国27个省、市、自治区的120多家单位建立了横向经济协作关系，由全县19个乡的150多家乡、镇、村企业组织的县食品、饮料、纸箱设备大型观摩会陈列的600多种新型轻工机械设备，深受全国各地企业家青睐，纷纷决定"技术联姻"。北京的同志建议将观摩会办到北京去，湖南的同志希望能和奉贤开展广泛的技术协作，吉林的同志认为奉贤发展乡镇工业的道路适合本省的实际。（记者朱瑞华　通讯员周兆熊　孙明德）

（原载《解放日报》1986年4月6日第01版）

这篇特色新闻"新"在哪里

科技人员下乡开展科普宣传活动,本是一件平常事。全市性的一般新闻消息,只能在二三版以简明新闻刊发。这次在奉贤举行的市科技人员下乡咨询会,如果省力一点,当天发300来字消息就行了。但我这个人喜欢不按常规走路,总想在兄弟报社中出奇制胜,一为自己脸上贴金,二为报社争光,于是,进入市科技人员下乡的咨询会会场后,我就关注着会场上的每一个细节。

"奉贤这个地方,相传孔门高徒言偃曾来此讲学,百姓'敬奉'有文化有知识的人,奉贤人谓之为'贤人'。后人为崇敬贤人,故取名'奉贤'。这里的'奉'字为动词,谓之'敬奉''贤人'的意思,这就是奉贤县名的来历……"

在当天市科技人员下乡的咨询会上,教师出身的奉贤县袁以星县长幽默风趣地对奉贤县名来历作一番介绍后,上海科技系统的70余名专家即与奉贤150多名乡长、厂长们围桌而坐,倾心交谈。一方频频提问,一方欣然作答,气氛十分融洽。会上,上海市科委系统的40家科研单位纷纷发布科研新产品、新成果信息,令与会的奉贤乡长、厂长们欣喜若狂。这动人一幕,引起了我的浓厚兴趣,立即触发了我将此科技下乡活动写成一篇特色新闻的灵感。

奉贤县,有"敬奉""贤人"之遗风,今天在座的有文化有知

新闻线索从哪里来？——与青年记者聊新闻采写

识的科技专家们，就是堪称当代的"贤人"。今天，他们在奉贤县搞科技咨询服务、发布科研新产品、新成果，就是在播科技"星火"呀！我"脑筋急转弯"后，《当代"贤人"播"星火"》标题一下子跳了出来。顺着这个思路，我开动脑筋，精心构思，精心策划，精心写作，一篇一千多字的特色新闻稿跃然纸上，翌日，这篇新闻特写，居然上了《解放日报》头版，令人欣喜不已。

《解放日报》的头版有黄金版之称，主要刊登国内外重要新闻消息，一般的新闻特写只能在第二、第三版刊发。那么，这篇新闻特写缘何能登上报纸的头版位置？事后，我静下心来细细分析，悟出了真谛：标题"跳"，角度"新"。

那么，这篇特色新闻究竟"新"在哪里？"新"在奉贤将有文化有知识的人，谓之为当代的"贤人"，他们今天在奉贤搞科技咨询服务，发布科研新产品、新成果，传授科技知识，就是在播科技"星火"！因此，我在行文时巧妙结合奉贤"敬奉""贤人"的素材背景，紧紧围绕当代"贤人"播"星火"这个主题，谋篇布局、遣字造句，从而使整篇新闻特写显得比较生动活泼。

话又说回来，我当时是这样想的，但不知夜班编辑认可否？于是，是日下午，我将文稿内容和标题，向值夜班的《解放日报》总编辑助理贾安坤同志作了电话汇报，倾听他的意见。老贾是上海新闻界出了名的采编"高手"，他听了我的汇报后连连称好。第二天，这篇新闻特写稿，就在《解放日报》的黄金版面头版刊登了，当晚报社编前会上，还获得了与会人员的一致好评。

• 例文链接 •

当代"贤人"播"星火"

深秋,既是农家喜获丰收的时节,又是农家精心播种的佳期。昨日,奉贤县华园宾馆的四个会议室内,上海科技系统的 70 余名专家与奉贤 150 多名乡长、厂长围桌而坐。一方频频提问,一方欣然作答,热烈的气氛驱散了午来的阵阵寒意。这是由上海市科委组织的 40 家科研单位在奉贤县播科技"星火"中的一幕。

奉贤,据说孔门高徒言偃曾来过这个地方,后人为崇敬贤人,故取名奉贤。县领导对奉贤县名来历的一番介绍,引得这些在座的当代"贤人"们脸上绽开了舒心的笑容。县长袁以星真诚地说:"奉贤经济建设取得的成就中,有你们这些"贤人"的一半功劳。"县长诙谐风趣的欢迎辞,使这些当代"贤人"们纷纷发布科研新产品、新成果信息。

"防爆电机前途广阔""适用于宾馆、旅馆及集体宿舍的全自动投币洗衣机有市场""为山区服务的全自动家用水泵好销""橡胶地毯""高效填料分离设备可以开发"……上海电机、橡胶等研究所一批科研新产品、新成果的发布,使在场的乡长、厂长们跃跃欲试。10 多名急性子的厂长纷纷与有关研究所所长单独恳谈。下午,专家们返回市区的时间到了,可乡长、厂长们还不让他们走。柘林乡工业乡长曹友林趁热打铁,当场与上海电线电缆研究所商定了开发共用天线的项目。中国科技大学的 KG 系列印染助剂新产品成了几家服装厂厂长争相开发生产的俏货。

昨日,奉贤县县办及乡镇企业的厂长们,还带了本厂亟须攻

新闻线索从哪里来？——与青年记者聊新闻采写

关的产品样品、技术资料,请研究所的专家们"切脉""会诊"。庄行化工厂原来合成盐酸羟胺,只能搞两种产品,成本也偏高。厂长王正华找到化工研究院求援,专家们欣然同意帮助厂方主攻第三种产品。南桥镇新原机械厂与机电部21研究所、上海电机技术研究所商定,攻克0.3毫米不锈钢氢弧焊难关。齐贤机械厂厂长干脆将上海轻工机械研究所专家拉到厂里实地"会诊"……(记者朱瑞华)

(原载《解放日报》1990年12月1日第01版)

地域特色亦可"出"新闻

奉贤地处远郊,虽然下大力招商引资,但吸引来的外资企业数量和外资投资额在全郊区各区县处于中下水平,因此,招商引资新闻很难上报纸版面。唯一的有特色是,全县外资企业中华侨回乡投资创办了70多家,占了外资企业总数的近四分之一。

出门即遇桥,人家尽枕河。我从小在奉贤长大,对奉贤的多桥深有体会。境内有大大小小的桥近7 000座,其中上一定规模的桥有2 000多座,堪称华夏"桥之乡"。此外,先有桥,后有镇,也是奉贤的一大特色,其地名以"桥"命名者甚多。中心城所在地谓之南桥,县内还有邬家桥、胡家桥、钱家桥、泰日桥、齐贤桥、金汇桥、头桥,均是历来各镇政治、经济、文化的中心。至于古今集市及聚落,带"桥"者则更多了。几年中,我有心积累了众多有关奉贤桥的素材和背景资料。

我出生奉贤,又是《解放日报》联系奉贤的记者,理应大力宣传才。但是,奉贤地处远郊,那时交通不便,通往市中心中间还隔着一条黄浦江,阻断了许多外商投资奉贤经济发展的好"姻缘"。如有一名台商曾预付了200万元人民币定金,公司董事长第一次来奉贤签署合同,结果遇上大雾,中午12点还过不了黄浦江,一怒之下,对同行的儿子扔下一句话:"200万元扔黄浦江了,我们回家……"

的确,奉贤吸引来的外资企业数量和外资投资额,在全郊区各区县不起眼,自然,招商引资的新闻也很难上报纸版面。但奉贤也有特点,在20世纪90年代初,华侨回乡投资创办的企业竟达70多家,占全县外资企业总数的近四分之一,还有不少侨商正在洽谈要在奉贤投资建厂,这不是标志着"桥乡"奉贤正在向"侨乡"大步迈进吗!

　　从事新闻工作的人都知道,记者挖掘采写新闻,如摄影师一样,特别注重选择文章的角度,抓"亮点"。有时候,原本分量不够、上不了报纸的新闻,只要角度新、立意高、构思巧,"乌鸦"也会变"凤凰"的。

　　凭着对"桥乡"奉贤历史的了解,一个灵感在我的脑中油然而生:我不说奉贤招商引资的企业数量和外资投资总额,但可以说侨商踊跃在奉贤投资建厂这一特点呀!真是情况明、思路清。于是,《"桥乡"变"侨乡"》的特色通讯稿标题跃然纸上。通讯稿从"桥乡"源远流长的古桥史、动人的故事和传说,从古代桥到现代桥、"桥乡"变"侨乡",故事般地娓娓道来。读者在了解奉贤"桥乡"的同时,也了解了"桥乡"在改革开放中大步向"侨乡"前行着……

　　《"桥乡"变"侨乡"》一稿,先由《解放日报》在我国香港出版的《解放日报·中国经济版》上刊登,《解放日报》秦绍德总编辑看到后专门作了批示。于是,《解放日报》1995年11月20日第2版转载了此文,并注明转载自《解放日报·中国经济版》。

• 例文链接 •

"桥乡"变"侨乡"

江南水乡独特的地理环境,使奉贤县境内多桥。出门即遇桥,人家尽枕河。全县有大大小小的桥近7 000座,其中上一定规模的桥有2 000多座,堪称华夏"桥之乡"。

先有桥,后有镇。全县地名以"桥"命名者甚多。奉贤县中心城所在地谓之南桥,县内还有邬家桥、胡家桥、钱家桥、泰日桥、齐贤桥、金汇桥、头桥,均是历来镇政治、经济、文化的中心。至于古今集市、聚落,带"桥"者则更多了。

"桥乡"奉贤县,不但桥多,而且桥的历史源远流长。光绪年间《重修奉贤县志》中记载的有名称的石桥就达266座。迄今尚存的近百座古桥,其"桥龄"最短的亦在百年以上。这些古桥造型精巧,风格迥异。或砖石木结构,或纯紫石筑成;有单拱,也有联拱;或跨于市河两岸,或横于两街之间,尽显"桥乡"风韵。

"桥乡"多桥。"桥乡"有着许多有关桥的动人故事和传说。奉贤县金汇镇上有座石拱桥,相传宋代由几十个金姓人家募资所建,取名"金汇桥"。镇上的孙姓大财主欲改桥名,金姓人家不从。孙财主贿赂官方强改桥名,并重金聘请当地的石匠修雕。石匠一夜雕成,孙财主见改名的"孙汇桥"三个金色大字,甚为高兴,当下摆席宴请。不料,一场倾盆大雨,桥上重现"金汇桥"三字,孙财主当即气倒。还有吓退瘟官的"高桥"、缴获赌资修的"麻将桥"、换糖者筹款造的"糖桥"、李木匠出钱砌的"匠桥"等,更是当地民间妇孺皆知的传说。

奉贤堪称"桥乡",其源盖出于江南水乡河涧纵横,河道不

新闻线索从哪里来？——与青年记者聊新闻采写

宽，宜于架桥，便于日常通行。再者，相传是两千多年前的孔门高徒言偃泛舟来奉贤讲学，传授造桥技艺，遂使奉贤县造桥能工巧匠辈出，后人为崇敬贤人，故取县名为"奉贤"。

造桥，成为"桥乡"人展示他们高超技能的舞台。除独木桥、竹桥、木桥外，还有砖石桥、石板桥、石拱桥。新中国成立以来又兴建了数千座水泥板桥、水闸桥、双曲拱桥、板梁桥、空心梁桥、T形梁桥等，闻名遐迩。日前建成通车的黄浦江上第四座大桥——奉浦大桥，成为奉贤第一大桥，是"桥乡"人的杰作，也使"桥乡"成为投资的热土。改革开放以来，奉贤已有"三资"企业370多家，其中70多家是奉贤在海外的华侨回乡投资创办的。如今，"桥乡"架起了通往海外的"金桥"，首期启动的4平方公里奉浦工业区内，已有海外十多家著名的公司驻足，总投资已达1亿多美元。"桥乡"正在变成名副其实的"侨乡"。（记者朱瑞华）

（原载在我国香港出版的《解放日报·中国经济版》，《解放日报》1995年11月20日第02版转载）

一个点子成就千里海塘行

2000年4月20日,我的长篇通讯《千里海塘行》在《解放日报》刊登。当天的报社编前会,由时任《解放日报》副总编王富荣同志主持,他肯定了长篇通讯《千里海塘行》的稿件质量,表扬了我的深入采访和精心写作,对此稿给予高度评价,提议评为红旗稿(王富荣副总编当时并不知道我拄着拐杖、忍着左脚刀口缝线崩裂的伤痛行走采访以及将左脚搁在电脑桌旁写稿情况的)。当晚,我得知这篇长篇通讯被编前会评为红旗稿后,激动的泪珠在眼眶中滚动。平心而论,在我所写的新闻稿件中,被为红旗稿的也不少,一篇稿件评为红旗稿,充其量是心情舒畅、开心而已。而我何故为此稿落泪?不了解情况的人是无法理解我采写这篇通讯之艰难的,其间,经受了巨大的伤痛,倾注了大量的心血……

《千里海塘行》是我精心策划的结果。那时我负责市水利局新闻报道工作。1999年春天,市水利局召开本市联系水利单位记者的座谈会,研究2000年3月22日"世界水日"宣传报道事宜。时任水利局办公室主任吴树福、局宣传处处长梁红请与会的记者们献计献策,创新"世界水日"的宣传报道。说实话,《解放日报》对上海水利的宣传报道,在上海媒体中力度最大,有一年围绕"世界水日"的宣传报道,仅《解放日报》上先后刊登的稿件就达28篇之多。因此,每年市水利局评选水利好新闻,最高

新闻线索从哪里来？——与青年记者聊新闻采写

奖非《解放日报》莫属。

每年围绕"世界水日"的宣传报道，作为《解放日报》记者的我，挖掘新闻报道素材，运用何种报道方式，可谓绞尽脑汁，简直到了江郎才尽的地步。座谈会上，我被点名第一个发言。情急之下，我突然想到上海海塘达标工程接近尾声，于是脑海中冒出了一个全新的想法：建议市水利局在 2000 年 3 月 22 日"世界水日"前夕，组织一个由上海和在沪中央媒体记者组成的新闻采访团，出发时请时任分管农村工作的冯国勤副市长授旗，来一个"千里海塘行"。此话一出，与会新闻界同仁齐声称好，市水利局领导也被会场气氛感染了，当场拍板：由市水利局局长和一位分管副局长挂帅任正副团长，组成"千里海塘行"新闻采访团。

新世纪到来，奉贤方面邀请我赴欧洲商务考察。岂料当时我左脚踝与小腿骨关节处长了肉瘤，经常出血。说实话，那个时候，一般记者公派出国商务考察的机会不多，为不影响难得的欧洲之行，2000 年 3 月 17 日，我在仁济医院动了手术，割除了肉瘤，并告知市水利局 3 月 19 日的组织的"千里海塘行"，本人不能成行了……市水利局宣传处长梁红一听急了，她说："'千里海塘行'，是你出的'金点子'，你不参加怎么行？"在她的恳求下，无奈，3 月 19 日，我拄着拐杖，从宝杨路码头登上了去崇明岛的轮船，开启了"千里海塘行"的行程。

我拄着拐杖，海岛、海滩，进进出出；汽车、轮船，上上下下。第一天下来，刀口缝线崩裂渗血，疼痛难忍，只好自己包扎一下。3 月 21 日，采访团自崇明岛、长兴岛、横沙岛、宝钢、川沙、南汇、奉贤海塘一路行走，最后抵达金山海塘终点，历时三天，行程千里。是日下午，我请市水利局徐其华局长派车，将我送至汉口路 300 号《解放日报》的员工宿舍。21 日、22 日两天双休日，我白天加晚上，将刀口缝线崩裂的左脚搁在办公室电脑桌旁，艰难地完成了长篇通讯《千里海塘行》的撰写。

《千里海塘行》在《解放日报》刊发后,获得社会各界好评。事后我体会到,一是《千里海塘行》长篇通讯的三个段落——"生命线""经济线""旅游线"标题好,二是有关背景材料翔实,"裁剪"合理,一次"千里海塘行"素材,我做"活"做足,据此写了多篇新闻报道。

新闻线索从哪里来？——与青年记者聊新闻采写

•例文链接•

生命线　经济线　旅游线
——千里海塘行

春风和煦，油菜花黄。在今年汛期到来之前，记者赴崇明、横沙、长兴三岛及宝山、浦东、南汇、奉贤、金山等地，实地考察了521.6公里的一线海塘。

上海濒江临海，500多公里海塘是抵御台风、海潮侵袭的第一道防线，海塘是上海的生命线。

生命线——御百年风暴潮

"千里海塘行"的第一站，是崇明岛西端的"崇头"。记者看到：由混凝土、块石构成的海塘新大堤，牢牢地盘踞在昔日有"摇头沙"之称的"崇头"上。

据当地县志记载，因风暴潮的侵袭，有近1400年历史的崇明岛涨塌不定，自1352年至1583年间，岛民流离失所，数万人葬身江海，县址也曾五迁六建。

此次行走在海塘上，只见堤顶混凝土路面，底坎钢筋混凝土反浪墙，水泥浆砌护坡，临滩水面还有一道环堤顺坝护卫。在浦东新区，沿着长江口大堤通达南汇的人民塘南行，建起的钢筋混凝土大堤挡住了堤外汹涌奔腾的江水，53.6公里长的海塘按达标工程标准予以构建。在南汇南滩一线易受海潮冲刷的海塘，用块石顺坝工程将全线连接。对冲刷严重的半途港、泻水港、小勒港等，加装蛙型块体、翼型块体、螺母块体、四脚体等各种形式的砼体来挡潮消浪保滩护塘。

沿奉贤境内的华亭东石塘西行,是奉贤现存的最早海塘。雍正二年(1724),能工巧匠将定型条石用糯米灰砂砌筑。迄今,古石塘仍固如水泥浆砌。这条古石塘,东连南汇、浦东新区(川沙)海塘,西接金山海塘。关于这条古石塘,还有个民间传说:当年为求得最佳的筑塘位置,先人们在涨潮时将谷壳撒入大海,退潮后循着谷壳滞留海滩的踪迹确定筑塘的走向。

金山区是国内最早有海塘的地区之一。从清代起,更以"四十里金城"著称于世。但金山海岸历史上屡受风暴潮侵袭,岸线频频后退。新中国成立后,党和政府先后投入大量资金修缮古海塘,最近几年又实施海塘达标工程。如今,呈现在记者面前的是一道以"百年一遇"为标准的防汛挡潮屏障。

经济线——滩涂崛起新城

上海开埠时仅是个小渔村。长江每年约有5亿吨泥沙倾泻长江口,淤积成沙但又涨塌不定,经过先人们不懈筑塘固堤,"上海滩"越"长"越大。新中国成立后,党和政府拨款岁修海塘、促淤围垦造地。据统计,50年来累计围垦造地117.8万亩,相当于180个黄浦区的面积,其中崇明岛累计造地80万亩,使面积由新中国成立之初的608平方公里扩大到迄今的1 200多平方公里。

登上大治河出海口海塘,但见三条石砌丁坝如昂首巨龙,在南汇东滩的波涛浪谷中时隐时现。据了解,正在南汇东滩实施的促淤工程,可阻水纳沙,淤高滩地,届时构筑海塘大堤后三年可围垦成陆80平方公里、造地12万亩,相当于新中国成立初期上海市区的总面积。

一道坚固的海塘,带来了成片的良田。有关负责人告诉记者,新中国成立以来,本市在围垦的百万亩土地上建起了16个国营农场、2个军垦农场和4个成建制的乡镇。如今,这些地区都已成为本市"米袋子"和"菜篮子"的重要生产基地。

在宝钢堤顶高8米、堤身宽8米的挡潮大堤上巡访,记者深切感到坚固的海塘是一条含金量特高的"经济线"。宝钢在建设挡潮大堤和加固维护堤防中共花了4亿元,成功地经受了三次台风的考验,确保了这个我国最大的现代化钢铁企业年产1 100万吨钢,实现年产值600亿元。

"金山石化"是在围垦土地上建立起来的现代化大型"化工城",它地处我国东南沿海著名的强潮区。记者目睹,经过六次大规模围垦筑堤,迄今21.41公里长的高标准海塘和保滩工程,经受了建厂以来数次台风和高潮位的袭击,确保了200多亿元资产的安全。

浦东国际机场的32平方公里面积中,有18平方公里利用了围垦土地。机场水利分指挥部有关人士说,国家只用了2.5亿元,就高标准构筑了围海大堤,节约征地投资33亿元。

正在建设的上海漕泾化工园区和规划中的芦潮港滨海新城等,也将在达标海塘的护卫下在滩地上崛起。

旅游线——风景这边独好

千里海塘,千里林带。海塘的防护林带既捍卫了海塘免遭风暴潮的侵袭,又以良好的生态环境构成了独特的景观,成为人们休闲旅游的理想去处。

崇明岛229.25公里的环岛大堤上,水杉、池杉、刺杉、松树、槐树、欧美杨、龙柏等错落有致,似绿色"项链"镶嵌在大堤的两边。在八滧至奚家港达标海塘段,今年春季植有四季玫瑰、龙柏、黄杨球及多种杉树。市水利局负责人告诉记者,这种集护塘、休闲和旅游观光于一体的绿化样板段,已吸引了大批游客。

在筑塘围垦的土地上造林植树,在体现独特生态效应的同时,更显示出迷人的旅游效应。崇明森林公园已成为市民生态游、森林浴的好去处,长兴岛万亩橘园每年都举办"柑橘节",吸引广大市民来赏橘、采橘、品橘,其乐无穷。

站在奉贤海湾旅游区林荫大道上,沐海风、观日出、放风筝,海塘之下数公里长的"铁板沙"是观海踏浪的好去处。占地10平方公里的旅游区已建成了12米宽滨海彩色大道、世纪林、海水浴场、射击场、青少年国防教育基地和海湾竹筏乐园。

南汇芦潮港、泥城等镇桃树成林,成为江南有名的"桃花源"。这个县的桃花节以"花"为媒,先后举办了9届,吸引了200多万名中外游客前来踏青赏花,其乐融融。还有,浦东三甲港海水浴场、滨海高尔夫球场、星火度假村、金山温泉度假村,让游客流连忘返。(记者朱瑞华)

(原载《解放日报》2000年4月2日第06版)

小标题做得"活"了
工作通讯可读性强了

当记者的大都有这样的体会,写新闻消息比较省力,有套路,写通讯比较吃力,即使要写,也喜欢写人物通讯,有故事,有情节,写到动人之处往往会融入作者的情感,可催人泪下,且可读性好。比较难写的是工作通讯,一般比较"硬",可读性好也较差。因此,无特殊情况,记者是不太愿意写工作通讯的。

20世纪90年代初,外商纷纷抢滩上海。由于交通不便,原本处于沪郊区县"中游水平"的奉贤,错过了改革开放外商投资的"第一波",失去了一次经济快速发展的机遇。1998年,全县经济总量与最高的区县相差一半多,全县上下都比较着急。

那时,从邻县松江调任奉贤、主管全县工业经济工作的管其昌副县长,可谓年轻力壮,思路活跃,工作能力强,有一番要把奉贤工业经济尽快搞上去的豪情壮志和冲天干劲。在县委书记施南昌、县长沈慧琪的筹划下,奉贤外向型经济发展有了不少起色。决心让奉贤工业经济上一个新的台阶的管其昌副县长,有一天找到我叙谈,他介绍了奉贤一年多来招商引资的大好形势,迫切希望能在《解放日报》头版上刊登一篇头条报道,积极宣传奉贤发展外向型经济的良好环境。管副县长还对我许诺:"拜托你朱记者,外向型经济稿子上了《解放日报》头版头条,届时我带你去美国考察。"

说实话,对我而言,我是报社联系奉贤的记者,大力宣传家乡奉贤的经济发展,也是我应尽的义务,对此必须下大力采写,以不负家乡"父母官"的重托。至于去不去美国考察我不放在心上。接下来,我仔细分析研究了奉贤招商引资的"成绩单":"2000年,全县引进项目5 488个,投资额达72.46亿元,分别比上年增长283%和77%。2001年1—4月份,全县新批三资项目43个,合同引进外资1.51亿美元,分别比去年同期增长107.28%和193.61%,同时引进私营企业4 400多家,居全市首位。地方财政收入的增幅也高达72.46%,为奉贤10年来首次。"

通过解读奉贤一年多来的招商引资"成绩单"及深入采访,我了解了全县上下各部门改善投资环境、转变营商作风、工作形成合力是成功的关键所在。经过反复思考,我决定撰写一篇《奉贤经济"大合唱"》工作通讯稿。写工作通讯,我的体会是,除了避免枯燥干巴、注重语言生动活泼外,还要特别注重精心制作每个段落的标题,标题"活"了,才能吸引读者阅读。当记者的都明白,文稿要吸引读者,一半取决于标题。

如工作通讯的第一部分,我拟了标题"把握一次机遇 赢得一次跨越",反映县委县政府确定把招商引资作为经济工作的重中之重,迅速将基础设施投入转化为生产力,实现基础性开发向功能性开发转轨。第二部分标题"争夺'篮板球'抢投'三分球'",反映招商引资呈现白热化状态,招商员阔步走出去,争夺"篮板球",吸引投资规模大、技术先进、产出率高的"三分球"大项目。第三部分标题"源头引'活水'精修'蓄水池'",写县政府在外资企业云集的广东东莞、民营企业集中的浙江温州、侨企企业密集的福建泉州等地设立了县招商办事处,在源头引"活水",广招天下客。另外,在亲商、安商、扶商上别有一番功夫,使源头

"活水"汩汩流入"蓄水池"。

精心制作,反复推敲,《奉贤经济"大合唱"》中的三个标题"活"了,奉贤县大力招商引资、积极发展外向型经济的工作通讯也好看了。

• 例文链接 •

奉贤经济"大合唱"

今年1—4月新批三资项目、合同引进外资额同比增107％和193％

日前,在奉贤县召开的工业大会上,唐德根、鞠林发等六位招商员笑了。他们胸戴大红花,接受县委、县政府首次授予的"招商明星"荣誉证书。一项有效举措,赢来一批丰硕成果,县委书记施南昌、县长沈慧琪也舒心地笑了。

去年,全县引进项目5 488个,投资额达72.46亿元,分别比上年增长283％和77％。今年1—4月份,全县新批三资项目43个,合同引进外资1.51亿美元,分别比去年同期增长107.28％和193.61％,同时引进私营企业4 400多家,居全市首位。地方财政收入的增幅也高达72.46％,为奉贤10年来首次。

把握一次机遇　赢得一次跨越

90年代初,外商纷纷抢滩上海。近郊区县中原本处于"中游水平"的奉贤,一条黄浦江阻断了外商投资带动经济快速发展的好"姻缘"。为此,1997年,奉贤自筹资金30多亿元,建成奉浦大桥,公路密度达到中等发达国家水平,遗憾的是,已错过了改革开放外商投资的"第一波",失去了一次经济快速发展的机遇。1998年,全县经济总量与最高的区县相差一半多。

"失去一次机遇,就可能失去一个时代","把握一次机遇,就可能赢得一次跨越"。县委书记施南昌总结出的"机遇论",成为县委一班人的共识。1999年起,县委确定把招商引资作为经济

新闻线索从哪里来?——与青年记者聊新闻采写

工作的重中之重,迅速将基础设施投入转化为生产力,实现基础性开发向功能性开发转轨。

县委组织四套班子领导和部门"一把手"赴周边地区学习考察,组建了县、镇(开发区)50多个招商领导机构,推出招商引资局镇挂钩新举措,并抽调500多名精兵强将充实招商引资力量,全县响起了气势恢宏的经济"大合唱"。1999年,全县引进资金23.79亿元;去年猛增到70.6亿元;今年头4个月引进资金高达30亿元——把握了机遇,赢得了跨越。

争夺"篮板球" 抢投"三分球"

地方经济多元化结构发展态势,使招商引资呈现白热化状态。招商员阔步走出去,争夺"篮板球"。为了说服深圳"万基药业"与奉贤古华集团"牵手",招商员徐雪峰10多次赴万基公司,真诚所至,终获成功。今年春节,塘外镇10位招商员从大年初一至初五一直在温州开展招商活动,先后拜访了32家当地企业的老总,温州客商感慨地说:"重情义的地方值得投资。"目前有20多家温州企业落户塘外,形成一个颇具规模的"温州企业创业园"。奉浦工业综合开发区的招商员先后叩开了市区200多幢涉外商务楼的门,以惊人的毅力夺到一批"篮板球"。"奉浦"还通过国际互联网每天发送近万份电子邮件,两年中以"广种薄收"的方式获得800多条有价值的商机,"网"进了30多个投资项目。

奉贤县还千方百计抢投"三分球",吸引投资规模大、技术先进、产出率高的大项目。奉浦工业综合开发区大打"生态牌",努力提高招商竞争力,屡屡抢投"三分球":日本富士电机、美国通用电气、德国西格里、日本先锋等世界500强企业竞相前来落户。庄行镇以"硬件不足软件补,资金不足感情补"的精神及一流的服务,折服了欧美大企业。世界化工巨子——比利时优西比、美国菲利浦斯、德国佳和等4家公司一期投资均在千万美元以上,最近这些企业又纷纷增资,形成了"欧洲工业园区",园区一期的工业规划用地也已告罄。

源头引"活水" 精修"蓄水池"

在源头广引"活水",是奉贤县招商引资的一着妙棋。去年,县政府在外资企业云集的广东东莞、民营企业集中的浙江温州、侨资企业密集的福建泉州等地设立了县招商办事处,选派德才兼备的年轻干部任"招商大使"。各镇也在外地设有五个10人以上的招商点。航星、柘中等通过设立在欧美、日本、东南亚等地的10多家海外分公司进行招商。同时,奉贤还在国外设有140多个委托招商网点,在源头引"活水",广招天下客。

奉贤在亲商、安商、扶商上别有一番功夫,精修"蓄水池"。他们的宗旨是:"进门都是客,有事好商量。"县里设立投资服务中心,为客商提供"一站式"服务,招商办公室对投资项目实行跟踪服务。计委、建委、工商、税务、房地、环保等职能部门本着"事前多指导、事后多服务"的精神,对新项目主动上门,提前介入,为投资商解疑释惑。县人大、纪检委设立监督电话,接受投资商的投诉。县政协定期组织委员视察外来投资企业,向政府反馈投资商的意见和要求。使源头"活水"汩汩流入"蓄水池"。(朱瑞华 钱忠群 吴华)

(原载《解放日报》2001年6月2日第01版头条)

后　记

　　2007年,我从解放日报报社退休。2011年5月18日,我牵头组建了上海老新闻工作者协会奉贤分会;2013年12月18日,在全市各区首创了上海市奉贤区老新闻工作者协会。十年来,在协会会长这个岗位上,我践行协会关于"为区内各行各业提供新闻报道服务,为社会各界开展新闻策划、咨询服务,为培训各类新闻人才服务"的工作思路,创造性地开展工作,得到了市老记者协会和区委宣传部领导的好评。2014年,上海老新闻工作者协会孙洪康会长在奉贤调研时对奉贤老记者协会的评价是:"有点子,有票子,有想法,有办法,有投入,有产出,有作为,有地位。"

　　去年,我从奉贤老记协协会会长的岗位上退下来,静下心之后,思想的翅膀时常会回到数十年的记者生涯,反思自己这个记者当得怎么样？有哪些新闻报道值得回味？又有哪些新闻采写体会可与年轻的同行们分享？

　　鄙人来自农家,非科班出身,自学新闻采写,几度春秋寒暑,终于从一名新闻通讯员级"土八路",变为新闻战线"正规军"的一员,圆了当记者的梦。回想当年,在《解放日报》当记者、当编辑,之后再当记者的经历,记者和编辑的活都干过,甜与苦都尝过,可谓体会颇深,感慨万千。

　　从事新闻工作的人都要知道,同样在报社当记者跑新闻,刊

后　记

发多少稿子,能否经常性刊发重大新闻、头条新闻,这与记者负责联系的行业、条线有很大的关系。而行业、条线的重要,在一定的历史阶段,则与你所处的这个地区、城市的功能定位息息相关。上海是个国际化大都市,经济、金融、交通、商业等发达,跑这些条线的记者容易出新闻、出大新闻。反之,作为大城市小郊区的上海农村,一般来说,出新闻少、出大新闻的更少。

诚然,《解放日报》在上海三大报中是重视农业农村报道的,在2000年前报社设有农村工作部。但也带来一个问题,一个工作部内5—6名记者在10个区县抢"饭"吃,由于"僧"多"粥"少,导致农村工作部的记者经常饿"肚子";而同城的《文汇报》《新民晚报》不设农村工作部,各报只有一名记者跑农业农村条线,因而不愁没有新闻写。我个人的体会,在《解放日报》农村部跑条线新闻的日子里,除了少量的会议新闻外,要想完成报社定的月发稿指标,必须要千方百计、千辛万苦地去挖掘新闻线索。

时下,在大大小小的书店里,有关新闻采写知识的著作琳琅满目,但大都是从理论方面来论述的。说心里话,我入职当记者跑新闻的切身感受,最为苦恼的是如何去发现挖掘新闻线索。我想,刚从大学校门出来的新闻系学生,或刚入职的青年记者,新闻采写的书本知识是很丰富的,但面临的困惑,可能也与我刚入职时一样,即如何去发现和挖掘新闻线索。

那么,新闻线索究竟从哪里来?怎样采写一篇好新闻?对此,我在新闻采写的实践中悟出了三点体会:一是上顶"天"下立"地",大新闻不稀奇;二是观六路听八方,新闻在你身旁;三是素材合理"裁剪",新闻做"活"做足。友人认为这三点体会实在管用,对刚开始从事新闻工作的青年记者以及爱好新闻写作的通讯员们,如何去发现挖掘新闻线索、采写新闻可能有启示作用,故极力怂恿我将采写体会心得写出来。

新闻线索从哪里来？——与青年记者聊新闻采写

  出于对自己记者生涯的总结与回顾，我从刊登在《解放日报》上的 400 多篇稿件中，选了新闻消息、通讯特写、观察思考类共 20 篇有特色的文稿，编撰成一本《新闻线索从哪里来？——与青年记者聊新闻采写》的书。此书文稿分三个篇章，且给每篇文稿拟了个题目，述说新闻采写背后的真实故事，链接此篇当年在报纸上刊登的原文稿，并以原文稿在报纸上刊登的先后顺序编排。这样考虑的目的，意在方便有兴趣的读者予以对照分析，感悟如何去发现和挖掘新闻线索，如何选题立意、谋篇布局，采写一篇篇好新闻。这是我编撰此书的初衷。

朱瑞华

2021 年 6 月